Avions en papier

pour enfants

Avions en papier

pour enfants

TEXTE DE KEN BLACKBURN
MODÈLES D'AVIONS DE
KEN BLACKBURN & JEFF LAMMERS

KÖNEMANN

MERCI À TOUTES LES PERSONNES QUI NOUS ONT SOUTENUS OU AIDÉS ET SANS LESQUELLES CE LIVRE N'AURAIT PU VOIR LE JOUR.

Merci à nos parents Paul et Lynn Blackburn, Jerry et Angie Lammers et à Tante Dolores, qui ont toujours su nous guider et nous apporter soutien et réconfort.

Merci à nos épouses Sarah Blackburn et Karen Lammers qui nous ont toujours encouragés pour que nos rêves deviennent réalité.

Merci à Jackie (Blackburn) Tyson pour avoir incité et aidé Ken à faire ses premiers pas en tant qu'écrivain.

Merci à John David pour avoir réalisé tous les modèles de pliage.

Merci à nos enseignants qui nous ont, chacun dans leur domaine, permis d'écrire ce livre.

Merci aux condisciples de Ken qui ont su, quand il le fallait, lui donner des coups de pied aux fesses ou l'aider, et qui lui ont permis de battre le record du monde.

Merci à toute l'équipe des éditions Workman Publishing sans laquelle ce livre n'aurait pu voir le jour. Merci surtout à Peter Workman qui a cru en nous, et à notre éditrice, Margot Herrera, qui a fait de ce livre ce qu'il est aujourd'hui et enfin merci à Lisa Hollander, Lori S. Malkin et à tous les illustrateurs qui ont apporté leur contribution à cet ouvrage.

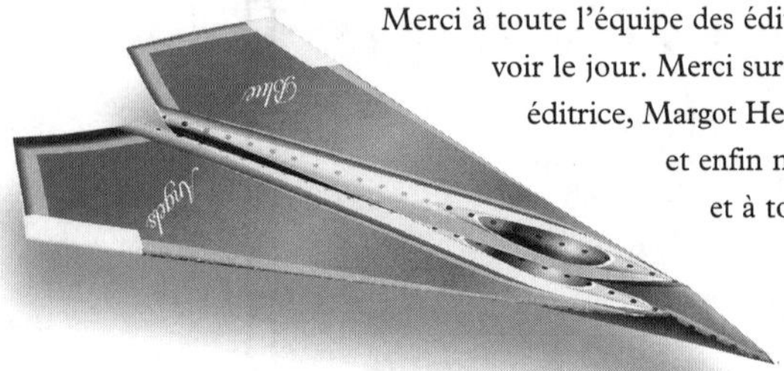

L'édition originale a été publiée par
Workman Publishing Company, Inc.
708 Broadway
New York, NY 10003-9555

Design de la couverture : Lisa Hollander
Design des pages intérieures : Lisa Hollander et Lori S. Malkin
Illustrations en noir et blanc : Bob Byrd
Photographies page de couverture et pages intérieures : Walt Chrynwski
Graphiques :
Le Saturn Rocket (la Fusée Saturne), le Flying Saucer (la Soucoupe Volante), l'Aerobat (la Chauve-Souris), le Count (le Comte), le Dragon Ring (l'Anneau du Dragon), Blue Angels et Thunderbirds (les Anges Bleus et les Oiseaux du Tonnerre), le Slice (la Fléchette) et le F-15 : Shi Chen
Le Pirate's Secret (le Secret du Pirate), le Robo-Chopper (le Robocoptère), le Great White (le Grand Blanc) et l'affiche de l'aéroport : Mark Monlux
L'Avion en Papier du Record du Monde : Janice McDonnell
Le S.S. Explorer (l'Aventurier de l'Espace) et le Thunderbolt (le Coup de Tonnerre) : Maurice Kessler
Le Butterfly (le Papillon) : Burton Morris
Le Glider (le Planeur) : Greg Lewis

Titre original : *Kids' Paper Airplane Book*

Traduction : Dominique Françoise
Réalisation : Libris, Seyssinet-Pariset
Correction : Anne Mingam
Lithographies : Divis, Cologne
Chef de fabrication : Detlev Schaper
Impression et reliure : Kossuth Printing House Co., Budapest
Imprimé en Hongrie

ISBN 3-8290-2768-0

10 9 8 7 6 5 4 3 2

Sommaire

QU'EST-CE QUI FAIT VOLER OU S'ÉCRASER LES AVIONS EN PAPIER ? 6

CE QUI ME VALUT DE FIGURER DANS LE LIVRE GUINNESS DES RECORDS 9

PLIAGE ET RÉGLAGE : TOUT UN ART 11

AVIONS GRANDEUR NATURE : COMMENT LES RECONNAÎTRE ? 16

JEUX D'INTÉRIEUR 18

JEUX DE PLEIN AIR 21

EXERCICES DE VOLTIGE 23

CONCOURS DE DISTANCE ET DE DURÉE 26

LICENCE DE PILOTE D'AVION EN PAPIER 29

COMMENT PLIER, RÉGLER, ET FAIRE VOLER TES AVIONS 31

Le Comte (Le Count) 32
Le Secret du Pirate (Le Pirate's Secret) 34
La Fléchette (Le Slice) 36
Le Planeur (Le Glider) 38
Le Robocoptère (Le Robo-Chopper) 40
La Chauve-Souris (L'Aerobat) 42
L'Aventurier de l'Espace(Le S.S. Explorer) 44
Le Papillon (Le Butterfly) 46
Le Coup de Tonnerre (Le Thunderbolt) 48
L'Anneau du Dragon (Le Dragon Ring) 50
Les Anges Bleus et les Oiseaux du Tonnerre (Blue Angels et Thunderbirds) 52
La Fusée Saturne (Le Saturn Rocket) 54
L'Avion en Papier du Record du Monde 56
La Soucoupe Volante (Le Flying Saucer) 58
Le Grand Blanc (Le Great White) 60
Le F-15 62

CARNET DE VOL 64

Qu'est-ce qui fait voler ou... s'écraser les avions en papier ?

T'es-tu déjà demandé comment les oiseaux et les avions faisaient pour rester en l'air ? Pour comprendre, prends deux feuilles de papier. Avec la première, fais une boulette de papier et lance-la en l'air. Elle s'écrase sur le sol. Plie la seconde feuille pour en faire un avion en papier et lance-la. Que se passe-t-il ? Elle traverse la pièce en flottant dans l'air. Alors, qu'est-ce qui fait la différence ?

POIDS ET PORTANCE

Chaque morceau de papier pèse le même poids. La **gravité** attire donc de façon identique les deux feuilles vers le sol. La différence vient du fait que l'avion en papier a des ailes qui créent ce que l'on appelle la **portance** qui permet à l'avion de rester dans les airs comme s'il était tenu par une main invisible. A contrario, la boulette de papier s'écrase sur le sol.

LES QUATRE FORCES DE L'AÉRODYNAMIQUE

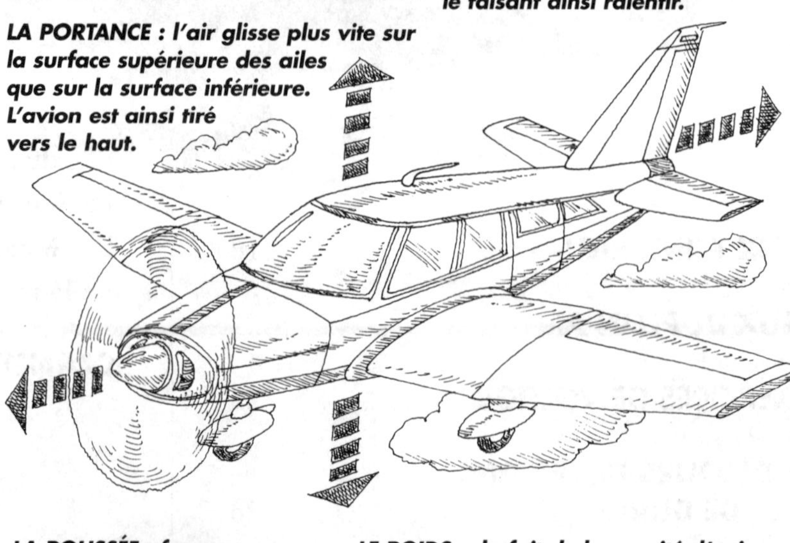

***LA TRAÎNÉE :** force créée lorsque l'air frotte contre l'avion, le faisant ainsi ralentir.*

***LA PORTANCE :** l'air glisse plus vite sur la surface supérieure des ailes que sur la surface inférieure. L'avion est ainsi tiré vers le haut.*

***LA POUSSÉE :** force que produisent les réacteurs pour faire avancer l'avion.*

***LE POIDS :** du fait de la gravité, l'avion est attiré vers le sol.*

QU'EST-CE QUE LA PORTANCE ?

Les principes de l'aérodynamique sont complexes même pour les pilotes et autres spécialistes. Pour mieux les comprendre, fais l'expérience suivante.

Prends une feuille de papier et va dans une pièce suffisamment grande où tu puisses tournoyer sans rencontrer d'obstacles. Mets-toi debout, tends les bras et place une main sur la feuille et l'autre sous la feuille. Si tu veux tournoyer sur la droite, mets ta main gauche sur le dessus, si tu veux tournoyer sur la gauche, mets ta main droite sur le dessus. Relève légèrement tes pouces vers le plafond.

Tourne sur toi-même puis enlève la main qui se trouve sous la feuille. La feuille ne tombe pas sur le sol mais reste en l'air du fait de la portance. Arrête de tourner et tu verras le papier tomber sur le sol. Plus tu tournes vite, plus tu crées de portance.

Pour constater à quel point l'angle affecte la portance, enlève la main qui se trouve sous la feuille et relève légèrement le pouce de ton autre main vers le plafond.

Baisse-le et tu sentiras la portance diminuer. Si tu le baisses suffisamment, la feuille tombera sur le sol.

Les ailes des oiseaux et des avions fonctionnent de la même manière. Lorsqu'une aile bouge, le bord d'attaque est plus haut que le bord de fuite. L'air qui circule sous l'aile est ralenti lorsqu'il rencontre la partie inférieure de l'aile, créant une pression qui pousse l'aile vers le haut. Simultanément, l'air qui circule sur la surface supérieure de l'aile accélère, réduisant la pression et créant une aspiration qui tire l'aile vers le haut. Ces deux phénomènes sont à l'origine de la portance. Plus l'angle de l'aile est marqué, plus la portance est importante. Si l'aile forme un angle trop élevé pour que l'air passe sur la surface supérieure, il n'y a plus de portance et l'avion s'écrase sur le sol.

TRAÎNÉE ET POUSSÉE

Lorsque quelque chose vole, avion en papier ou à réaction, l'air frotte contre l'appareil et le ralentit. C'est ce que l'on appelle la **traînée.** Les réacteurs quant à eux créent la **poussée :** l'avion est littéralement poussé en avant sans ralentir. Lorsqu'un avion vole par paliers et que la poussée est supérieure à la traînée, l'avion accélère. Si la poussée est inférieure à la traînée, il ralentit.

Les avions en papier étant dépourvus de réacteurs, c'est la force de ton bras qui est à l'origine de la poussée. Dans ce cas, qu'est-ce qui empêche l'avion de ralentir ? Imagine que ton avion soit une bicyclette qui

QU'EST-CE QUE LA TRAÎNÉE ?

La traînée est la force qui ralentit les choses. Pour mieux comprendre, fais l'expérience suivante.

Prends une feuille de papier et va dans une pièce suffisamment grande pour que tu puisses tournoyer. Mets-toi debout au centre de la pièce. Tends les bras et tiens la feuille à la verticale entre tes deux mains en pointant tes deux pouces vers le plafond.

Commence à tournoyer sur toi-même puis enlève une main. La force qui pousse la feuille contre ton autre main est la traînée. Plus tu tournes vite, plus la traînée augmente et plus la feuille pousse fort contre ta main. C'est le fait de tourner qui crée la force appelée poussée. Si tu arrêtes de tourner, il n'y aura plus de poussée et la traînée ralentira peu à peu la feuille qui finira par tomber sur le sol.

descende en roue libre. Si tu roules sur un sol plat et que tu arrêtes de pédaler, la bicyclette va ralentir voire s'arrêter. Si tu descends une pente à bicyclette, la gravité devient la poussée qui empêche ta bicyclette de ralentir. Les avions en papier fonctionnent de la même manière. Si tu lances ton avion tout droit, il va ralentir, alors que si tu le lances légèrement vers le bas, la gravité va le faire avancer.

EN BREF

Les dirigeables et les ballons flottent dans l'air et les bouchons flottent sur l'eau car l'hélium contenu dans un ballon est plus léger que l'air tout comme le liège est plus léger que l'eau.

POURQUOI LES AVIONS EN PAPIER S'ÉCRASENT-ILS ?

La plupart des avions en papier qui s'écrasent pourraient créer la portance qui leur permettrait de voler. Alors pourquoi ne volent-ils pas ? Parce qu'ils ne sont pas stables. La **stabilité** permet aux avions d'avancer en volant. On considère trois critères de stabilité : le tangage, le lacet et le roulis.

Pour un **tangage** stable, mets le poids vers l'avant de l'avion afin que son nez ne pointe pas trop vers le haut ni vers le bas. Le **lacet** permet à l'avion de voler droit. Pour plus de stabilité, mets le poids de l'avion vers l'avant et la queue ou la dérive à l'arrière de l'avion. Le

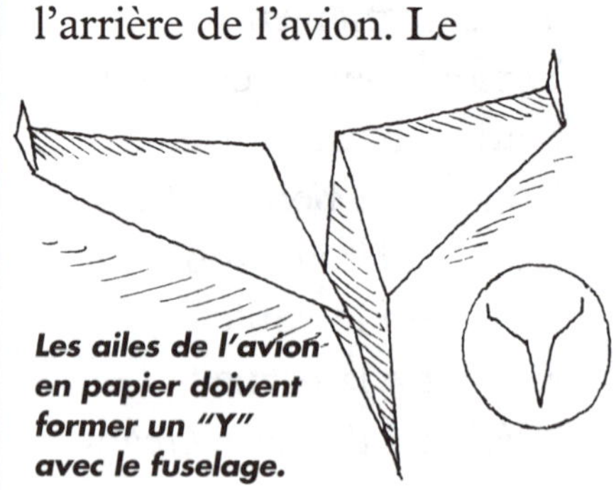

Les ailes de l'avion en papier doivent former un "Y" avec le fuselage.

roulis empêche les ailes d'osciller dangereusement, l'avion de faire des cercles et des virages de plus en plus serrés et de piquer du nez. Les ailes de l'avion doivent former un "Y" avec le corps de l'avion ou fuselage.

Ce qui me valut de figurer dans le Livre Guinness des Records

Comme beaucoup de personnes, je ne pensais pas battre un jour un record du monde ! À sept ans, je me suis amusé à fabriquer mes premiers avions en papier. Au fil des ans, j'améliorais mes engins volants et je finis par atterrir dans le *Livre Guinness des Records.*

Tout petit, je m'amusais à construire des maquettes d'avion. Si j'aimais les voir voler, je trouvais que leur fabrication demandait trop de temps et d'argent. Et les voir foncer dans un arbre ou s'écraser sur le sol me démoralisait. Un jour, j'ai appris dans des livres que les avions carrés en papier étaient ceux qui volaient le mieux et que pour un vol parfait, il fallait procéder à de multiples réglages.

Je devins un expert et créais des avions en papier simples à réaliser et performants. Je lisais tout ce que je trouvais sur les avions. M'inspirant des avions grandeur nature, je modifiais les modèles que je réalisais en papier et dessinais mes propres plans.

À 13 ans, je fabriquai un avion très performant. Je le jetais du haut d'un arbre ou d'une fenêtre et le regardais planer au gré du vent avant de se poser sur le sol. Cet avion eut bientôt ma préférence et je passais un temps infini à améliorer le moindre détail.

L'année de mes 15 ans, mes parents m'offrirent le *Livre Guinness des Records.* Mon chapitre de prédilection était celui consacré aux records du monde en matière d'aviation tel le record d'un

EN BREF

Le plus grand avion en papier du monde homologué a une envergure de 15,25 m. Construit par des étudiants et des professeurs de l'Université de Technologie de Delft (Pays-Bas), il réussit le 15 mai 1995 un vol de 38 m en intérieur.

RÈGLEMENT DU LIVRE GUINNESS DES RECORDS

Conditions requises pour battre un record du monde de durée de vol avec un avion en papier :
1. Le vol aura lieu à l'intérieur.
2. L'avion sera plié dans une feuille de papier ordinaire (papier pour imprimante ou photocopieur) ne dépassant pas le format 25 cm x 35,3 cm et n'excédant pas 150 g.
3. L'utilisation de colle ou de ruban adhésif est permise.
4. L'avion sera lancé du sol. Le chronomètre se déclenchera au moment où l'avion sera lâché et s'arrêtera à l'instant où l'avion rencontrera un obstacle quel qu'il soit (sol, mur, chaise, etc.).
5. Chaque candidat aura droit à six essais au maximum.
6. Chaque candidat devra soumettre aux autorités du Guinness un dossier en bonne et due forme comportant :

- **Les déclarations signées par deux témoins attestant sur l'honneur qu'ils étaient présents lorsque le record du monde a été battu.**
- **Un article de journal rendant compte de l'événement.**
- **Des photographies en couleur et l'enregistrement sur bande vidéo du vol tenus à disposition des autorités du Guinness.**

REMARQUE : La présence d'un représentant du Livre Guinness des Records n'est pas requise.

avion en papier qui vola 15 secondes au-dessus d'un sol plan. Je me mis en tête de battre ce record. Après un an d'entraînement et de réglages, je tentai de battre le record du monde devant des amis, des professeurs et un journaliste. Mon avion vola près de 25 secondes. J'étais fou de joie jusqu'au moment où les rédacteurs du Guinness m'informèrent que les vols devaient avoir lieu en intérieur. Tout était à refaire : trouver un endroit suffisamment grand, reprendre l'entraînement et surtout améliorer mon lancer. À 20 ans, alors que je suivais des études d'ingénieur aéronautique à l'Université de l'État de Caroline du Nord, je racontai ma mésaventure à mes amis. Ils décidèrent de m'aider, chronométrèrent mes vols et convoquèrent un journaliste.

Après un mois d'entraînement, une réunion eut lieu sur le terrain de basket-ball de l'université. Sous l'œil d'une caméra et chronométré par mes amis, je lançai mon meilleur avion vers les hauteurs et… le vis foncer sur des spectateurs. J'étais désespéré ! C'est alors qu'un ami m'apporta une banale feuille de papier. Je la pliai et la transformai rapidement en un avion en papier.

Après un troisième lancer, cet avion de fortune vola durant 16,89 secondes.

Le record du monde était battu ! Inquiet, j'attendis deux semaines avant de savoir si mon record était homologué. Finalement, une lettre m'apprit qu'il figurerait dans le Guinness. J'ai battu deux fois mon propre record : 17,2 secondes puis 18,8 secondes de vol.

Au cours des entraînements, j'ai enregistré des vols atteignant 21 secondes. Mon rêve serait de franchir et d'homologuer la barre des 20 secondes.

Pliage et réglage : tout un art

Si, a priori, tout le monde peut fabriquer ses propres avions en papier, il faut avoir un minimum de connaissances sur l'art du pliage pour que les avions volent correctement et suivent une trajectoire donnée. Les conseils ci-dessous te permettront de réaliser de fabuleux vols. Un petit conseil : initie-toi sur des avions tels que le Slice (la Fléchette) ou le Pirate's Secret (le Secret du Pirate), faciles à réaliser et à régler, et très performants.

FABRIQUER UN AVION

Les avions présentés dans ce livre sont marqués par des lignes blanches continues, des tirets et des pointillés. Les lignes blanches continues avec comme symbole une paire de ciseaux sont les lignes de découpe.
Les tirets indiquent qu'il faut plier le papier de façon à ce que les lignes de pliage se trouvent à l'intérieur de la pliure et soient, par conséquent, invisibles une fois le pliage terminé. Chaque ligne est numérotée par ordre de pliage. Les pointillés indiquent qu'il faut plier le papier de façon à ce que les lignes de pliage soient visibles une fois le papier plié. Elles

Plier sur les tirets

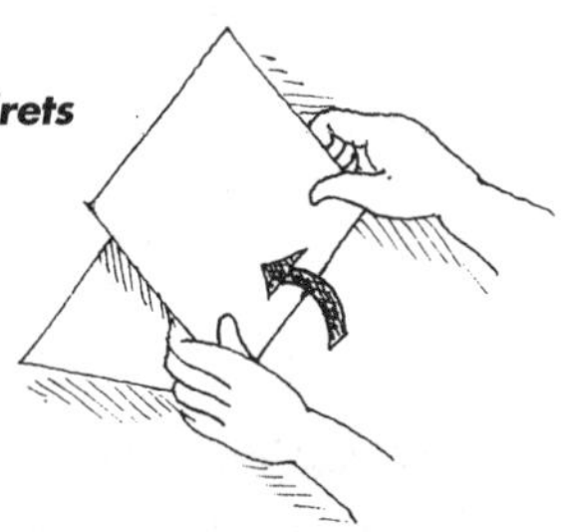

Plier le long des pointillés

correspondent généralement au verso des tirets et te permettent de vérifier que tu plies le papier du bon côté.

Forme soigneusement chaque pli en appuyant avec le bout de ton ongle – surtout si ton avion comporte plusieurs plis comme l'Avion en Papier du Record du Monde et le Secret du Pirate.

Si les plis ne suivent pas exactement les tirets et les pointillés, pas de panique !

Fais de ton mieux et surtout veille à ce que les deux ailes soient identiques et forment un

EN BREF

Les premiers avions étaient en bois et en tissu. Depuis 60 ans, les avions sont en aluminium. Les avions du futur pourraient être construits avec des "composites", matériaux très légers et hyper résistants.

"Y" avec le fuselage. En effet, si les ailes sont de taille ou de forme différente, ton avion aura quelques difficultés à voler.

RÉGLER UN AVION

Même en suivant toutes les consignes de pliage, il est peu probable que ton avion vole parfaitement du premier coup et il te faudra certainement effectuer plusieurs réglages.

VOLS LENTS OU RAPIDES Pour empêcher ton avion de piquer du nez (de descendre soudainement le nez vers le bas et de s'écraser sur le sol) ou de décrocher (de prendre de l'altitude, ralentir et de piquer du nez), règle les gouvernails de profondeur ce qui, par la même occasion, te permettra de régler la vitesse de ton avion. Sur les avions en papier, les gouvernails de profondeur se situent généralement sur les bords de fuite des ailes alors que sur les vrais avions, ils se trouvent habituellement sur le bord de fuite de la queue.

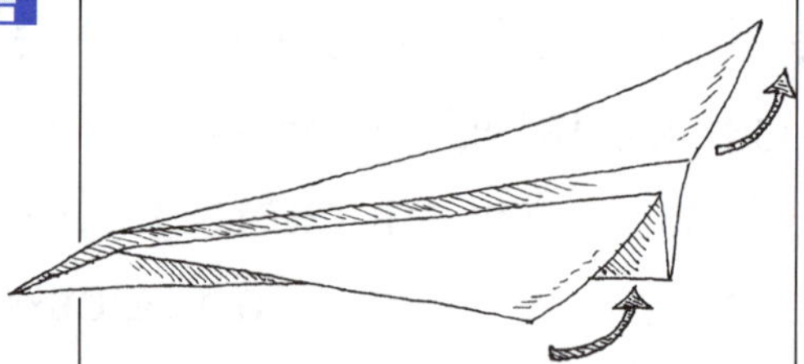

Gouvernail de profondeur relevé

Si ton avion a tendance à piquer du nez et à s'écraser, relève le gouvernail de profondeur en inclinant légèrement les bords de fuite des ailes vers le haut. Si au contraire, il a tendance à décrocher, il y a des chances pour que le gouvernail de profondeur soit trop relevé. Aplatis les bords de fuite des ailes.

Plus tu redresseras le gouvernail de profondeur, plus ton avion volera lentement. Fais quelques réglages pour trouver la bonne vitesse. Pour les vols rapides, baisse le gouvernail de profondeur. Tous les avions sont différents et pour chacun d'eux, il te faudra faire des réglages spécifiques.

UNE PETITE EXPÉRIENCE

Construis un avion en papier, le Count (le Comte) ou le Pirate's Secret (le Secret du Pirate), et lance-le en l'air sans régler les gouvernails de profondeur. Observe-le voler, relève légèrement les gouvernails de profondeur et lance-le à nouveau en l'air. Renouvelle l'opération jusqu'à ce que ton avion vole doucement. Si les gouvernails de profondeur sont trop relevés, ton avion volera trop lentement et décrochera. Selon les modèles, les gouvernails de profondeur doivent être plus ou moins relevés.

À GAUCHE OU À DROITE Après avoir lancé tes avions, tu remarqueras qu'ils ont souvent tendance à aller trop à gauche ou trop à droite. Pour remédier à ce problème, règle le gouvernail de direction qui se trouve généralement sur le bord de fuite du fuselage. Pour le régler, incline-le du bout des doigts sur la droite ou sur la gauche. Il te faudra parfois l'incliner complètement sur un côté.

Si ton avion ne vole pas droit, lance-le plusieurs fois afin de voir s'il va trop à droite ou trop à gauche. Puis en tenant ton avion par l'arrière, incline le gouvernail de direction vers la droite s'il vire trop à gauche et vers la gauche s'il vire trop à droite.

Par ailleurs, si ton avion vole droit et que tu veux qu'il aille à droite, incline le gouvernail de direction vers la droite. Si tu veux qu'il vire à gauche, incline-le sur la gauche.

Régler le gouvernail de direction

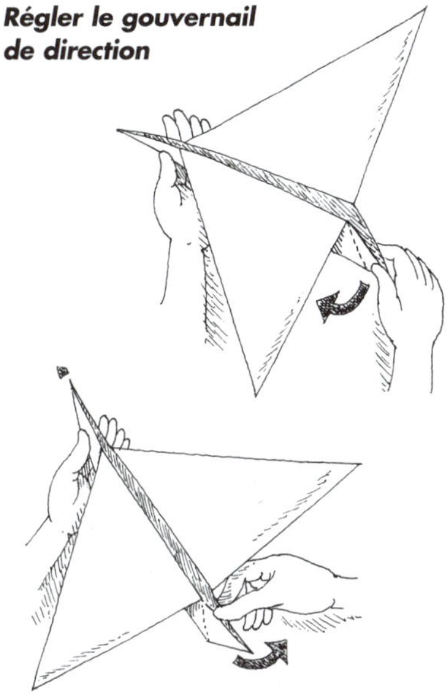

LANCER UN AVION

Après avoir réglé les gouvernails de profondeur et de direction, il ne te reste plus qu'à t'exercer à lancer ton avion dans les airs. Sache qu'il n'y a pas de bon vol sans bon lancer. Prends ton avion bien en main en maintenant le fuselage entre le pouce et l'index, le nez pointé vers le haut. Pour lancer le Glider (le Planeur), le Robo-Chopper (le Robocoptère) et le Dragon Ring (l'Anneau du Dragon), suivre les indications pages 38, 40 et 50.

EN BREF

Il y a plus de 2 000 ans, des cerfs-volants en bambou et en papier volaient déjà dans les airs.

Lancer classique des avions en papier

L'ALPHABET DES PILOTES

Pour identifier leur avion, les pilotes utilisent des mots anglais plus faciles à comprendre par radio que des lettres (voir ci-dessous). Cessna 7-3-4-S-F devient alors Cessna 7-3-4 Sierra Foxtrot, ce qui évite toute confusion possible entre le "F" et le "S".

A - Alfa	N - November
B - Bravo	O - Oscar
C - Charlie	P - Papa
D - Delta	Q - Quebec
E - Echo	R - Romeo
F - Foxtrot	S - Sierra
G - Golf	T - Tango
H - Hotel	U - Uniform
I -India	V - Victor
J - Juliet	W- Whiskey
K - Kilo	X - X-ray
L - Lima	Y - Yankee
M- Mike	Z - Zulu

La qualité d'un lancer dépend des réglages préalablement effectués. Si ton avion est réglé pour voler lentement (si tu as redressé le gouvernail de profondeur), tiens ton avion à la hauteur de tes épaules et lance-le doucement vers le bas. S'il a été réglé pour voler rapidement (si tu n'as pas trop redressé le gouvernail de profondeur) tiens-le à la hauteur de tes épaules mais lance-le un peu plus fort que précédemment. Regarde toujours au-delà de la cible que tu veux atteindre.

LE LANCER DU RECORD DU MONDE

Pour que ton avion vole le plus longtemps possible, il faut le lancer le plus haut possible (au minimum à 16 mètres de hauteur pour un record du monde). Pour atteindre une telle hauteur, ton avion doit être lancé en l'air à 96 km/h, ce qui demande d'avoir de bons biceps. Pour ma part, j'ai fait de l'haltérophilie et j'ai mis en pratique ce que m'avaient enseigné mes professeurs sur le fonctionnement du corps humain. J'ai ainsi pu mettre au point un lancer qui est un compromis entre un lancer de base-ball et un lancer du disque. Avec de

Lancer du record du monde

LES DIFFÉRENTES PARTIES D'UN AVION

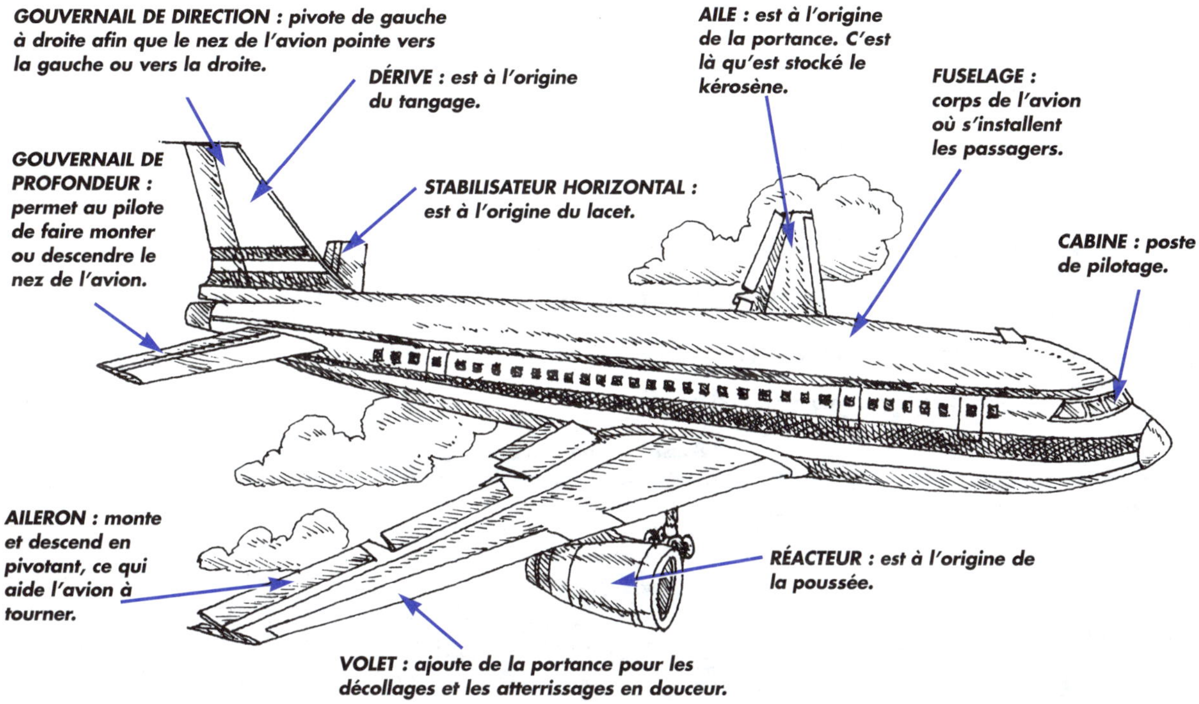

l'entraînement, tu t'habitueras peu à peu à ce lancer inhabituel.

À TOI DE JOUER !

Pas question de battre le record du monde sans un bon entraînement, un bon terrain d'aviation (un gymnase ou un auditorium avec un plafond très haut) et bien sûr l'Avion en Papier du Record du Monde. Munis-toi également d'un chronomètre, d'un crayon et d'un bloc pour marquer tes temps.

Lance ton avion plusieurs fois de suite et fais les réglages nécessaires pour qu'il vole doucement et tout droit. Lorsque tout est réglé, lance ton avion un peu plus fort et un peu plus à la verticale (voir page 14). Si tu ne réussis pas du premier coup, ne t'inquiète pas, le principal étant de lancer ton avion le plus haut possible. Il m'a fallu plusieurs années pour mettre au point ma technique de lancer mais si elle ne te convient pas, trouves-en une autre et entraîne-toi consciencieusement. Si tu le peux, chronomètre tes temps de vol et compare-les avec ceux de tes amis.

> **EN BREF**
>
> ***Plus on est haut, plus l'air est froid. En plein été, la température avoisine les - 40 °C à 5 000 mètres d'altitude, hauteur à laquelle volent la majorité des avions.***

Avions grandeur nature : comment les reconnaître ?

Observe bien les huit avions présentés ci-dessous et essaie de les reconnaître sur les pistes des aéroports ou en plein ciel.
Prêt à relever le défi ?

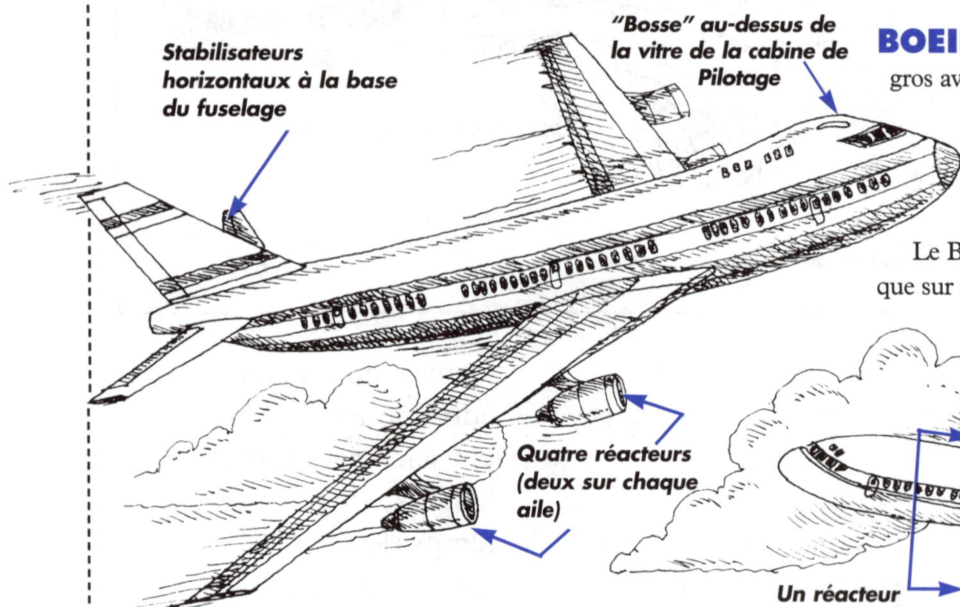

BOEING 747 Le Boeing 747 est le plus gros avion de ligne du monde. Il peut transporter jusqu'à 500 personnes. Particulièrement long (plus de 75 mètres), cet avion figure dans quantité de livres et de films. Le Boeing 747 ne peut atterrir et décoller que sur des pistes suffisamment longues.

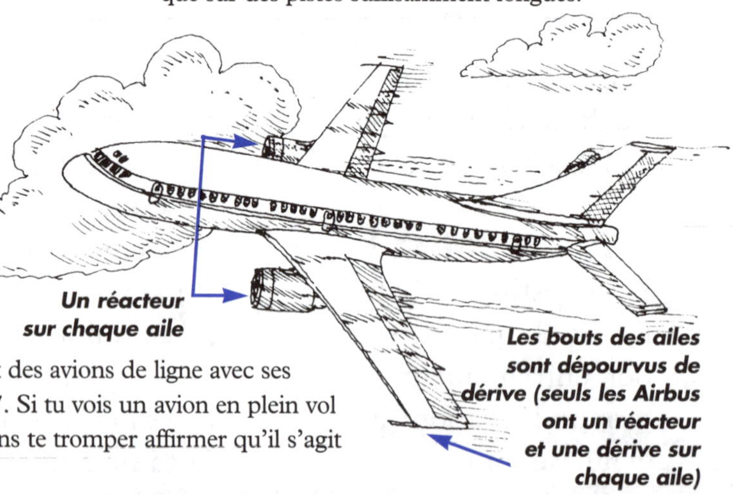

BOEING 737 C'est le plus courant des avions de ligne avec ses cousins : le 757 (plus gros) et les 767 et 777. Si tu vois un avion en plein vol avec un réacteur sur chaque aile, tu peux sans te tromper affirmer qu'il s'agit d'un Boeing.

MCDONNELL DOUGLAS MD-11
Version améliorée du DC-10 (dépourvu de dérive sur les ailerons), cet avion a la particularité de posséder trois réacteurs. Très gros (environ les trois quarts de la taille d'un 747), il ne peut se poser et décoller que dans les aéroports équipés pour accueillir des avions de ce gabarit.

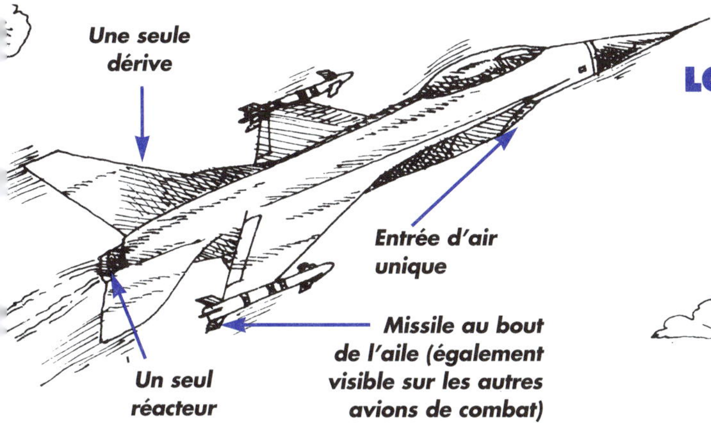

LOCKHEED F-16 Le Lockheed F-16 "Fighting Falcon"
Combatif") également connu sous le nom de "Viper" (la
sé par l'équipe de voltige américaine de l'Air Force, les
ıux du Tonnerre). Le F-16 est l'avion de combat le plus
e de l'air américaine. Le F-16 a la particularité d'avoir une
ınt du fuselage.

MCDONNELL DOUGLAS F/A-18 également connu sous le nom de "Hornet" ("Frelon"), à la fois avion de combat et bombardier, est utilisé par l'équipe de voltige de la marine américaine, les Blue Angels (Anges Bleus). Cet avion possède deux dérives formant un angle droit avec le fuselage et deux prolongations des ailes appelées prolongations des bords d'attaque, qui ajoutent à l'effet de portance.

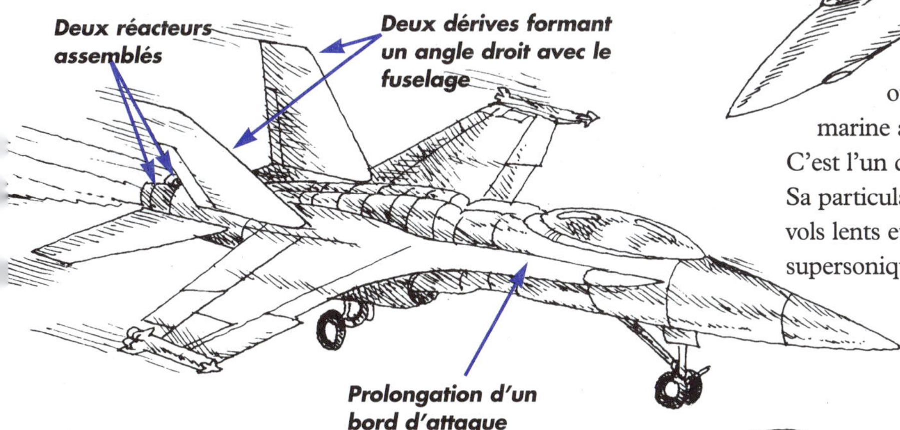

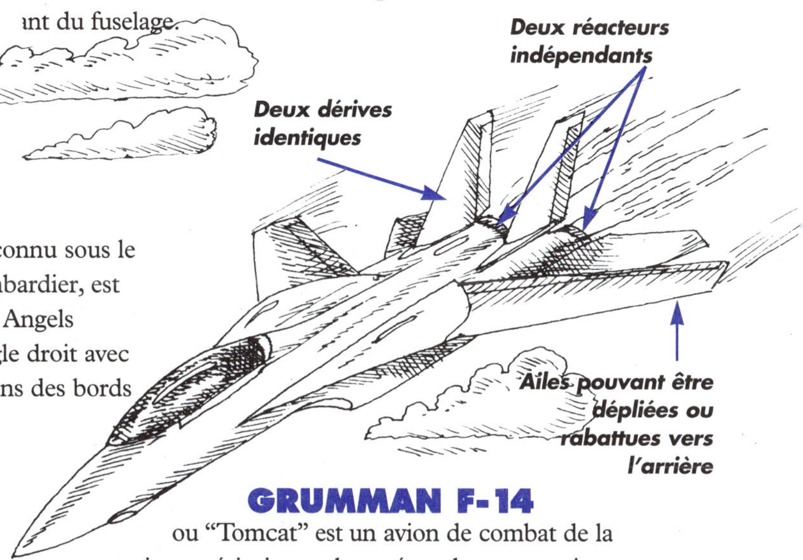

GRUMMAN F-14 ou "Tomcat" est un avion de combat de la marine américaine embarqué sur les porte-avions. C'est l'un des avions du film *Top Gun* avec Tom Cruise. Sa particularité : des ailes qui sont à l'horizontale pour les vols lents et qui se replient à l'arrière pour les vols supersoniques.

CESSNA 172 ou "Shyhawk" ("Faucon Timide") est un petit avion à hélice qui peut transporter quatre passagers. Depuis 1956, plus de 30 000 Cessna 172 ont vu le jour, ce qui en fait l'avion civil le plus répandu. Sa particularité : une aile haute fixée sur le dessus du fuselage.

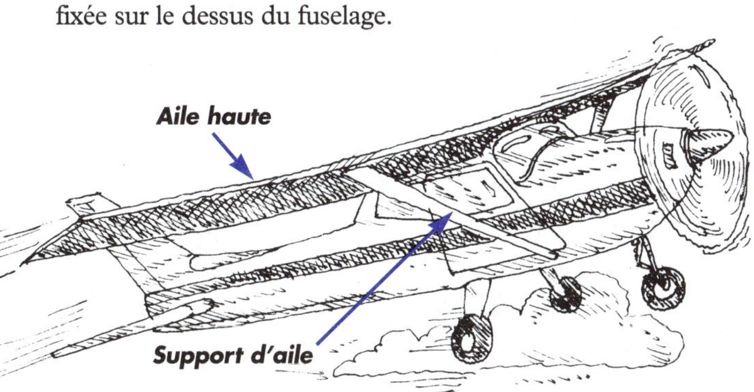

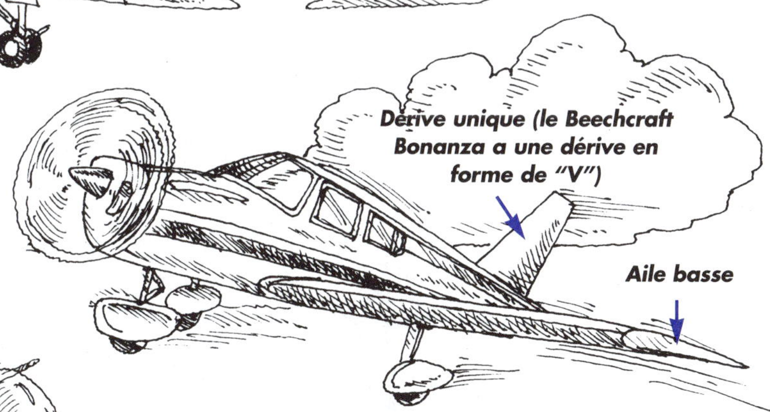

PIPER CHEROKEE est un avion à hélice avec un seul réacteur. Très répandu, il peut transporter quatre passagers à une vitesse moyenne d'environ 220 km/h. Depuis le début des années 60, plus de 20 000 Pipper Cherokee ont vu le jour. À la différence des Cessna 172, les Pipper Cherokee ont les ailes fixées sur le dessous du fuselage, elles sont appelées ailes basses.

Jeux d'intérieur

Faire voler des avions en papier à l'intérieur d'un bâtiment présente de nombreux avantages : ils ne sont ni emportés ni propulsés vers le sol par le vent, ne sont pas trempés par la pluie, le lanceur n'est pas ébloui par le soleil et enfin, il n'y a ni buissons ni branches d'arbres pour entraver les vols. De plus, les terrains d'aviation en intérieur sont recommandés pour les concours car les conditions de vols sont les mêmes pour tous (voir pages 26-28).

Les vols en intérieur ne sont cependant pas sans risque. Attention aux murs, au plafond et… aux meubles, et à toi de tirer profit de tous ces inconvénients !

Attraper un avion

DEVENIR UN VÉRITABLE PETIT INGENIEUR

Une fois que tu auras réalisé et fait voler un certain nombre d'avions présentés dans ce livre, tu auras suffisamment d'expérience pour créer tes propres modèles.

Dans un premier temps, contente-toi de modifier nos modèles, ajoute des ailerons ou des dérives, raccourcis ou rallonge le fuselage puis lance-toi dans tes propres créations.

Prévois une grande quantité de papier et expérimente différentes techniques de pliage et de découpage. Pas de panique si, au début, seuls quelques avions réussissent à voler. Nul ne devient expert en un seul jour ! Souviens-toi que les avions en papier doivent avoir du poids et de la force dans le nez, ce qui nécessitera beaucoup de pliages à l'avant de ton avion.

Si les feuilles de papier machine ou pour photocopieur en 21 x 29,7 cm font parfaitement l'affaire, essaie différentes qualités de papier. Par ailleurs, embellis tes avions en faisant des dessins aux feutres ou à la peinture ou en collant des décalcomanies.

ATTRAPER UN AVION

Invite un ou deux copains et que chacun choisisse un avion en papier – de préférence le Butterfly (le Papillon), le Slice (la Fléchette) ou le Count (le Comte). Mettez-vous debout les uns près des autres puis faites deux grands pas en arrière. Un joueur lance l'avion – comme s'il s'agissait d'une balle – à un autre joueur qui doit le rattraper avant de le lancer à son tour et ainsi de suite. Pour ne pas abîmer l'avion, saisissez-le par le fuselage. Lorsque chacun d'entre vous aura réussi à l'attraper et à le lancer correctement plusieurs fois de suite, reculez tous d'un pas jusqu'à ce que vous soyez trop éloignés les uns des autres pour pouvoir rattraper l'avion ou que vous soyez bloqués par un mur ou un meuble.

Variante : prenez chacun un avion et lancez tous en même temps. Celui qui ne parvient pas à en rattraper un est éliminé !

EN PLEIN DANS LE MILLE

Choisis une cible (si possible ni ton petit frère, ni ton chien) : un fauteuil, la piste d'atterrissage de l'aéroport figurant dans cet ouvrage ou l'extrémité d'une table ou d'une planche à repasser qui feront office de porte-avions. Choisis un avion, de préférence le Slice (la Fléchette), le Great White (le Grand Blanc) ou le Thunderbolt (le Coup de Tonnerre), mets-toi debout à environ 3 mètres de la cible et lance ton avion. Lorsque tu auras atteint ta cible trois fois de suite, recule d'un pas et recommence ainsi de suite jusqu'à ce que tu sois trop éloigné ou que tu ne puisses plus reculer.

Ce jeu se joue seul ou avec des amis. Les joueurs marquent un point à chaque fois qu'ils atteignent la cible. Celui qui a réalisé le meilleur score après 20 lancers est le vainqueur.

UNE PARTIE DE GOLF

Ce jeu présente beaucoup de similitudes avec le sport du même nom si ce n'est que tu joues à l'intérieur, que tu utilises ton bras et un avion en papier à la place d'une canne de golf et d'une balle, et qu'en général les parties sont plus courtes.

Les avions qui conviennent le mieux pour ce jeu sont le Count (le Comte), le Slice (la Fléchette) ou le Butterfly (le Papillon).

Choisis entre trois et neuf points d'atterrissage différents (correspondant aux trous du parcours de golf) : des chaises, des tables ou des petits tapis.

Il n'est pas nécessaire que tous ces points d'atterrissage soient dans la même pièce. Tout comme les golfeurs qui peuvent faire plusieurs tirs entre deux trous, tu pourras effectuer plusieurs lancers entre deux points d'atterrissage. Définis ton parcours en numérotant chacun des points.

Le but du jeu est d'atteindre chaque point en faisant un minimum de lancers.

Entraîne-toi pour le prochain tournoi !

EN BREF

Le 21 mai 1985, à La Crosse, dans l'État du Wisconsin, Tony Feltch bat le record de distance, soit plus de 64 mètres, avec un avion en papier lancé du sol en intérieur.

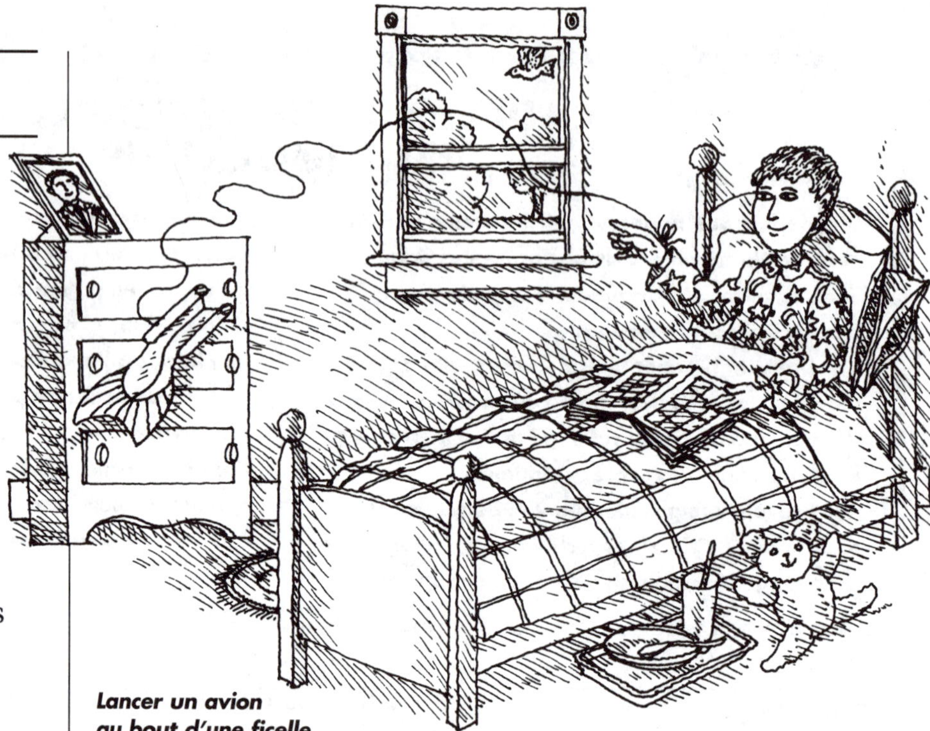

Lancer un avion au bout d'une ficelle

VA-ET-VIENT

Un jeu idéal si tu es malade et que tu dois garder le lit, si tu es paresseux ou si tu regardes la télévision. Prends n'importe lequel des avions figurant dans cet ouvrage et coupe environ cinq mètres de ficelle ou de fil assez résistant. Avec du ruban adhésif, fixe une extrémité de la ficelle sur l'avion à l'endroit où tu le tiendrais si tu le lançais. Puis noue l'autre extrémité de la ficelle à ton poignet. Choisis une cible à environ trois mètres de l'endroit où tu te situes et entraîne-toi jusqu'à ce que l'avion l'atteigne.

Jeux de plein air

La différence majeure entre les vols en intérieur et les vols en extérieur, c'est le temps. Si la pluie et l'obscurité sont les ennemis des pilotes, le vent peut être un avantage permettant aux avions de parcourir de longues distances et de rester en l'air plus longtemps.

Pour les vols longue distance, tiens-toi le dos au vent et lance ton avion doucement en avant dans la direction du vent. Ce **vent arrière** permet à ton avion de voler en utilisant un minimum d'énergie.

Pour profiter du **vent contraire**, lance ton avion en faisant face au vent, ce qui lui donnera une grande poussée, la vitesse de l'air glissant sur les ailes (portance supplémentaire) lui permet de grimper plus haut. Ton avion restera longtemps en l'air mais ne parcourra pas une grande distance car il aura le vent contre lui. Les **courants ascendants** propulsent les avions en papier dans le ciel pendant une durée assez longue. Ces courants atmosphériques sont des canaux d'air chaud qui montent, d'où leur nom. Si ton avion en papier rencontre l'un de ces courants, il prendra de l'altitude. Les courants ascendants sont plus importants lorsque le soleil brille, que le sol est sec et qu'il n'y a ni construction ni végétation. Les parkings recouverts de bitume sont des endroits idéaux car sous le soleil, l'asphalte

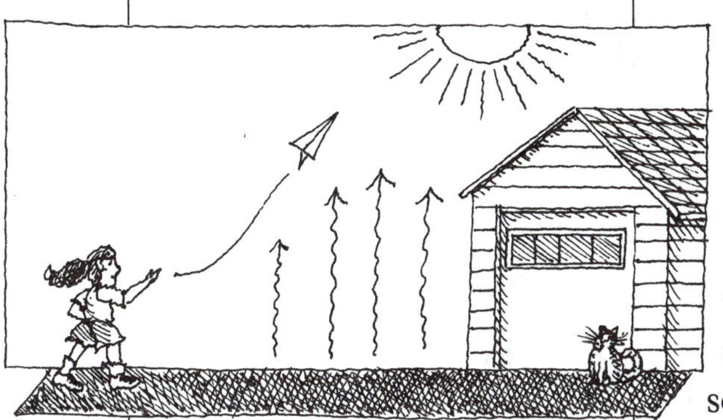

Capter un courant ascendant

EN BREF

Bien que dépourvus de moteurs, certains planeurs ont parcouru en un seul vol plus de 1 600 km à quelque 13 000 mètres d'altitude.

dégage de la chaleur, ce qui crée des courants ascendants. Le fait que le vent change soudainement de direction est souvent dû à la proximité d'un courant ascendant. Pour profiter de ces courants, qui ne durent jamais bien longtemps, lance ton avion aussi haut que possible dans la direction du vent. Ne sois pas frustré si ton avion ne prend pas immédiatement de l'altitude pour disparaître dans les hauteurs car il est parfois très difficile de capter un courant ascendant. Pour que tu puisses t'amuser seul ou avec des amis, voici les trois jeux de plein air que je préfère.

VOLS LONGUE DISTANCE

Quelle distance peut parcourir un avion ? Pour le savoir, fabriques-en un, de préférence le Count (le Comte) ou le Slice (la Fléchette). Trouve un endroit dégagé (un champ ou un terrain de jeux) et choisis un point de départ. Détermine la direction du vent en jetant un brin d'herbe ou un morceau de papier en l'air et lance ton avion aussi fort que possible dans cette direction. Mesure la distance parcourue, retourne à ton point de départ et essaie d'améliorer ton record. Tu peux aussi organiser un concours entre amis !

COURSE EN PLEIN VOL

Trouve un bâtiment autour duquel tu peux

tourner et demande à quelques amis de faire une course contre toi. Chaque concurrent plie son avion – le Count (le Comte) ou le Slice (la Fléchette), et se place sur une même ligne de départ. Au signal, tous lancent leur avion, s'élancent en courant, le ramassent, le relancent et ce jusqu'à ce qu'ils aient fait un tour complet du bâtiment. Celui qui franchit le premier la ligne d'arrivée a gagné.

REPRISE EN SOLO

Ce jeu consiste à lancer un avion en papier le plus haut possible et à le rattraper avant qu'il touche le sol. L'Avion en Papier du Record du Monde et le Butterfly (le Papillon) réalisent des prouesses. Relève légèrement le gouvernail de profondeur de ton avion pour qu'il vole lentement. Mets-toi face au vent et lance ton avion aussi haut que possible. Dès qu'il commence à faire des cercles, précipite-toi pour le rattraper avant qu'il heurte le sol. Attention de ne pas l'abîmer !

Exercices de voltige

Lorsque tu maîtriseras parfaitement les vols (direction et vitesse), tu pourras essayer de réaliser quelques acrobaties. Les exercices de voltige nécessitent des réglages et des lancers spécifiques et demandent une certaine pratique, mais rien de bien compliqué.
L'Aerobat (la Chauve-Souris), le Pirate's Secret (le Secret du Pirate) et l'Avion en Papier du Record du Monde te réservent de belles surprises.

LES LOOPINGS

Le premier looping a été réalisé avec un avion grandeur nature en 1913. L'avion prend de l'altitude, puis redescend vers le sol en faisant un cercle. Tu peux réaliser cette figure avec un avion en papier soit en intérieur (dans une pièce avec un plafond suffisamment haut) soit en extérieur.

COMMENT PROCÉDER

Fais les réglages nécessaires pour que ton avion vole droit. Relève le gouvernail de profondeur pour qu'il soit pratiquement à la verticale.

Tiens ton avion un peu en retrait par rapport à ton épaule et lance-le d'un petit coup sec vers le haut. Il montera d'environ un mètre, s'arrêtera, se retournera brusquement en arrière, piquera du nez et se redressera avant de heurter le sol. Le lancer étant primordial, entraîne-toi soigneusement.

> **EN BREF**
>
> ***En 1986, David Childs, aux commandes de son Belanca Decathlon — un avion acrobatique à hélice — a réalisé 2 368 loopings de suite. De quoi avoir la tête à l'envers !***

LES PIQUÉS

Un avion fait un piqué lorsqu'il fonce vers le sol et se redresse au dernier moment. Même s'ils ne sont pas lancés de très haut, les avions en papier réalisent de merveilleuses figures, se redressant juste avant de heurter le sol.

COMMENT PROCÉDER

Relève le gouvernail de profondeur puis tiens ton avion le plus haut possible au-dessus de ta tête, légèrement devant toi. Pour te grandir, grimpe sur un tabouret ou sur une chaise. Pointe le nez de ton avion vers le sol et lâche-le. Il descendra en piqué puis remontera brusquement avant de toucher le sol.

LES CHANDELLES

Une chandelle est une sorte de piqué à l'envers. Le nez de l'avion pointe droit vers le ciel mais l'avion descend vers le sol sur le dos. Juste avant de s'écraser sur le sol, il se retourne, fait un piqué et se redresse.

COMMENT PROCÉDER

Comme pour les piqués, tiens ton avion le plus haut possible au-dessus de ta tête, légèrement devant toi. Une fois encore, n'hésite pas à grimper sur une chaise ou sur un tabouret.

Pointe le nez de l'avion vers le ciel et lâche-le. L'avion se met sur le dos, se retourne et se redresse.

LES CERCLES

As-tu déjà regardé quelqu'un lancer un boomerang ? L'engin vole puis revient à son point de départ pour atterrir dans les mains du lanceur. Avec un peu de pratique, tu pourras faire effectuer la même figure à ton avion.

COMMENT PROCÉDER

Fais les réglages nécessaires pour que ton avion vole droit puis relève considérablement le gouvernail de profondeur. En plein vol, ton avion remontera et redescendra, ce qui lui permettra de bien tourner.
Si tu es droitier, il te sera plus facile de faire tourner ton avion sur la droite.
Tiens ton avion devant toi à hauteur des épaules en veillant à ce que l'aile droite soit plus basse que l'aile gauche (l'avion sera *incliné* sur l'aile droite). Si tu es gaucher, fais tourner ton avion sur la gauche et par conséquent incline-le sur l'aile gauche.
Lance ton avion droit devant (le fait d'avoir incliné ton avion sur un côté, le fera tourner).

Si tu lances ton avion trop fort, il grimpera, et si tu le lances trop doucement il fera un piqué. Trouve la juste moyenne.

Si ton avion ne fait pas un cercle complet, incline le gouvernail de direction. Si tu es droitier, incline-le sur la droite et si tu es gaucher, incline-le sur la gauche.

Avec un peu d'entraînement ton avion fera plusieurs cercles consécutifs et reviendra à son point de départ. Tu n'auras plus qu'à le rattraper sans devoir faire un seul pas.

FABRICATION D'UN MOBILE

Un modèle facile et rapide à réaliser qui permettra à tes avions en papier de voler sans jamais s'arrêter.

FOURNITURES :

- **3 cintres métalliques**
- **des attaches flexibles (utilisées pour fermer les sacs pour congélation)**
- **du ruban adhésif**
- **une ficelle ou du fil solide**
- **5 de tes avions en papier préférés**

1. Suspends un cintre dans un endroit dégagé et accessible, par exemple dans un coin de ton armoire. Si c'est trop haut pour toi, coince un balai entre deux chaises et suspends-y le cintre.

2. Suspends les deux autres cintres à chacune des extrémités du premier cintre. Maintiens-les avec des attaches flexibles afin de les empêcher de glisser.

3. Trouve ou plie 5 avions en papier. Le mobile est une excellente façon de réutiliser les avions qui ont déjà bien vécu.

4. Coupe 5 morceaux de ficelle ou de fil d'une longueur de 50 à 75 cm. Plie chaque morceau en deux. Prends un avion et essaie de trouver le point d'équilibre de façon à ce qu'il soit stable et ne penche ni vers l'avant ni vers l'arrière. Fais une boucle avec l'extrémité d'une ficelle et fixe-la à cet endroit avec du ruban adhésif. Il te faudra certainement déplacer légèrement le ruban adhésif pour tomber exactement sur le point d'équilibre et que le nez de ton avion ne soit ni trop relevé ni trop penché.

5. Accroche un avion à chacune des extrémités des deux cintres les plus bas. Les ficelles peuvent être de la même longueur ou de longueur différente – fais selon ton goût – l'essentiel étant que les cintres soient en équilibre. Attache le cinquième avion au centre du cintre le plus haut afin qu'il ne soit pas à la même hauteur que les autres. Fixe chaque avion avec une attache flexible ou du ruban adhésif afin de les empêcher de glisser. Avec l'aide d'un adulte, accroche ton mobile et laisse-le se balancer au gré du vent.

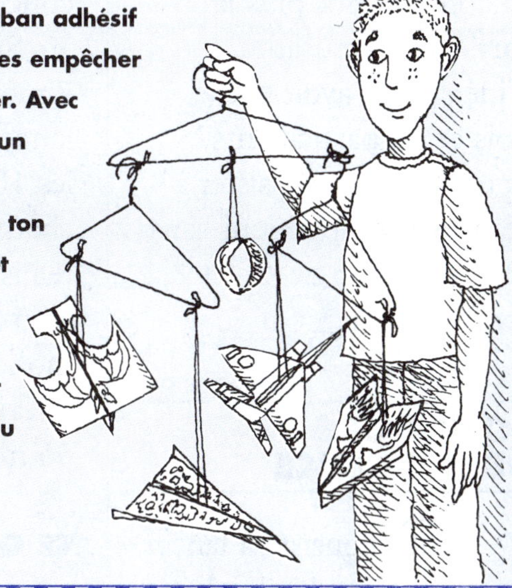

Concours de distance et de durée

Lorsque tu fais voler des avions en papier avec des amis, il est naturel de comparer les vols et les distances parcourues par chacun des avions et fréquent de voir quelques lancers anodins se transformer en une véritable compétition. Les concours te permettent de te surpasser, de comparer tes aptitudes à celles de tes amis et d'améliorer ta technique.

Il est facile d'organiser des concours informels ou en bonne et due forme.

Les conseils ci-dessous te permettront d'organiser des concours de distance ou de durée. Plus il y aura de concurrents, plus la partie sera amusante. L'idéal est d'avoir entre trois et six participants, ce qui permet d'assister à de belles compétitions sans qu'il y ait trop de confusion.

CONCOURS DE DISTANCE

Le défi consiste à lancer son avion le plus loin possible. Pour qu'aucun concurrent ne soit avantagé ou désavantagé par les courants d'air, organise le concours en intérieur.

Si tu atteins les 7 mètres, tu es un bon lanceur mais si tu dépasses les 10 mètres, tu es un champion. Seuls les adultes réalisent des vols supérieurs à 15 mètres. Le record du monde pour un vol en intérieur avoisine les 66 mètres. Bon courage !

CE QU'IL FAUT Du ruban adhésif ou une corde, des avions en papier et éventuellement quelques récompenses.

COMMENT PROCÉDER
Choisis le lieu où se tiendra la compétition et

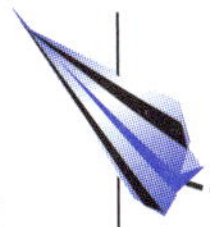

détermine une ligne de départ que tu symboliseras avec du ruban adhésif. Si tu ne trouves pas de salle suffisamment grande (gymnase ou long couloir), organise ton concours en plein air, de préférence un jour où il n'y a pas trop de vent et, dans ce cas, matérialise la ligne de départ avec une corde.

Chaque concurrent plie son avion (les avions peuvent être les mêmes pour tous ou être totalement différents) et inscrit son nom dessus.

Entraînez-vous puis placez-vous derrière la ligne de départ pour le premier lancer officiel. Laissez tous les avions sur le sol jusqu'à ce que le dernier participant ait effectué son lancer. L'avion parvenu le plus loin de la ligne de départ remporte la victoire. Si vous avez le temps, faites une ou deux autres parties. Demande à chacun des concurrents de marquer l'endroit où a atterri son avion avec un morceau de ruban adhésif (un caillou ou une brindille si la compétition se déroule en extérieur) avant de procéder au deuxième lancer. Chaque concurrent doit essayer de battre son record.

UN PETIT CONSEIL
Choisis un avion au nez pointu comme le Slice (la Fléchette) ou le Count (le Comte). Lance ton avion plusieurs fois de suite et après chaque lancer, fais les réglages nécessaires jusqu'à ce qu'il vole droit (incline plus ou moins le gouvernail de direction) et rapidement (relève légèrement le gouvernail de profondeur). Si c'est conforme au règlement du concours, ajoute un trombone sur le nez de ton avion. Lance ton avion d'un coup sec.

CONCOURS DE DURÉE

C'est le concours que je préfère. Ton avion doit rester en l'air le plus longtemps possible. Choisis un avion qui vole bien et procède aux réglages nécessaires. Dans ce type de concours sont testées les performances de ton avion en papier et ton aptitude à le faire voler.

Contrairement aux apparences, les vols de 5 secondes sont assez bons alors qu'il faut être un "pro" pour réaliser des vols de 10 secondes. Avant d'arriver aux 18,8 secondes qui me valurent le record du monde, il te faudra des années de patience et d'entraînement.

CE QU'IL FAUT Un chronomètre, de quoi

noter, des avions en papier et éventuellement des récompenses.

COMMENT PROCÉDER

Choisis le lieu : une grande salle avec un haut plafond (gymnase) ou un endroit dégagé si tu optes pour le plein air. Pour que personne ne soit avantagé ou désavantagé par le vent ou les courants ascendants, organise la compétition en intérieur.

Si cependant tu n'arrives pas à trouver une salle suffisamment grande, organise la rencontre en plein air, de préférence un jour où il n'y a pas de vent.

N'oublie pas de préciser à chacun des participants si les avions doivent être identiques ou non, s'ils doivent être construits sur place ou préalablement pliés. Accorde-leur quelques minutes pour qu'ils puissent s'entraîner et procéder aux derniers réglages.

Confie le chronomètre à quelqu'un et nomme un juge (tous deux seront remplacés lorsque ce sera leur tour de lancer).
Le premier chronométrera la durée de chacun des vols alors que le juge notera le nom et le score de chacun des participants.
Le chronomètre sera mis en route dès que l'avion sera lancé et sera arrêté dès que l'avion aura atterri (ou heurté quelque chose).
Le juge indique à chaque concurrent où et quand effectuer son lancer.

Lorsque tous les concurrents ont effectué un lancer chronométré, le vainqueur est désigné. Il est amusant de faire plusieurs parties consécutives.
Si deux concurrents se disputent la victoire, organise une finale entre les deux. Celui qui enregistre le vol le plus long remporte le trophée.

UN PETIT CONSEIL

Incontestablement, l'avion le plus performant est l'Avion en Papier du Record du Monde, même si le Pirate's Secret (le Secret du Pirate), l'Aerobat (la Chauve-souris) et le Count (le Comte) réalisent de très bons scores.
Teste-les tous et choisis celui qui vole le plus longtemps. Relève légèrement le gouvernail de profondeur pour que ton avion vole doucement.
Selon le modèle choisi, lance-le d'un coup sec à la verticale ou légèrement incliné après avoir baissé les ailes sur la droite ou sur la gauche.

L'Association des Pilotes d'Avions en Papier

décerne

cette

Licence de Pilote d'Avion en Papier

Par cette licence, nous reconnaissons les aptitudes supérieures du récipiendaire dans les domaines suivants : pliage, réglage et lancer d'avions en papier, et lui conférons le droit de conseiller ou d'assister les pilotes d'avions en papier moins expérimentés que lui et ce, quel que soit leur âge.

Détenteur du titre de champion du monde

Le Président de l'APAP

CACHET OFFICIEL
DE L'APAP
PRIX D'EXCELLENCE
EN AÉRONAUTIQUE

Contrôles Avant Départ

AVANT LE DÉCOLLAGE, VÉRIFIER LES POINTS SUIVANTS :

1. Les ailes doivent être identiques (taille et forme), ne pas être voilées et former un “Y” avec le fuselage.
2. Les gouvernails de profondeur doivent être réglés selon le vol désiré : vol lent ou rapide.
3. Le gouvernail de direction doit être réglé selon que le pilote désire effectuer des vols droits ou des virages.
4. Le pilote doit positionner son bras de façon à faire un lancer stable et sans secousses.
5. S’il y a un trombone sur le nez de l’avion, il doit être bien fixé et ne pas glisser après plusieurs atterrissages.
6. Les conditions de vol doivent être bonnes : pas de spectateur ni d’animal, dans la zone de vol, et le temps doit être adapté au vol désiré. Si la zone de vol est en plein air, vérifier la direction du vent.

Comment plier, régler, et faire voler tes avions

LE Comte

À première vue, ce planeur quelque peu vampirique ressemble à une fléchette, la seule différence étant une quantité plus importante de papier au niveau du nez, ce qui le rend plus stable pour les longs vols droits et les vols de précision. Avec un peu de pratique, tu réussiras à le faire atterrir là où tu veux. Le Count (le Comte) est plus performant si son gouvernail de profondeur est légèrement relevé. Attention toutefois à ne pas trop le relever. Un conseil : ne laisse jamais ton avion dehors une fois le soleil couché !

DERNIERS RÉGLAGES

SI TON AVION FAIT DES PIQUÉS ET S'ÉCRASE : relève le gouvernail de profondeur en redressant légèrement le bord de fuite des ailes ou lance l'avion avec un peu plus de force. **REMARQUE :** cet avion se manipule avec douceur. Ne relève très légèrement le gouvernail de profondeur que pour les vols lents.

SI TON AVION GRIMPE, RALENTIT ET S'ÉCRASE : abaisse légèrement le gouvernail de profondeur en aplatissant le bord de fuite des ailes ou lance l'avion avec un peu moins de force.

SI TON AVION VIRE À DROITE : incline légèrement le gouvernail de direction sur la gauche.

SI TON AVION VIRE À GAUCHE : incline légèrement le gouvernail de direction sur la droite.

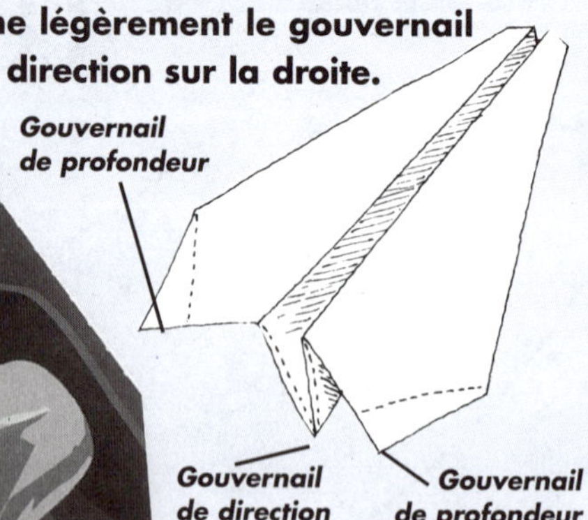

Instructions

Rappel : plier le long des tirets rouges (qui seront invisibles une fois le pliage terminé) et plier le long des pointillés jaunes (qui seront visibles une fois le papier plié).

1. Plier l'avion en deux, le long de la ligne 7, au centre. Rouvrir l'avion.

2. Plier le long des lignes 1 et 2.

3. Plier vers le haut le long de la ligne 3.

4. Plier le long des lignes 4 et 5.

5. Plier le long de la ligne 6, la pointe vers le bas.

6. Plier l'avion en deux, le long de la ligne 7, au centre.

7. Plier une aile vers le bas, le long la ligne 8.

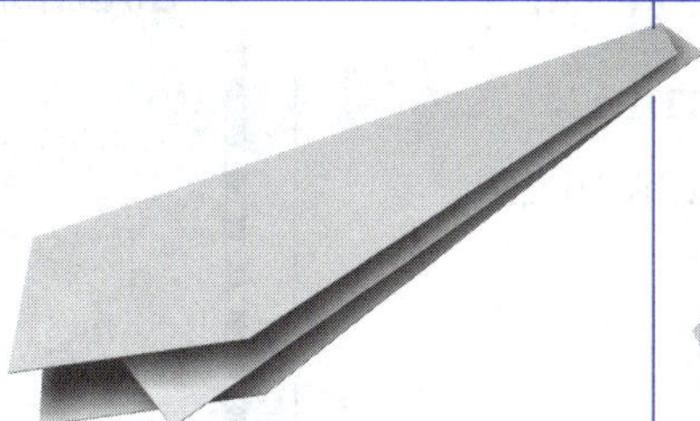

8. Faire pivoter l'avion et plier l'autre aile vers le bas, le long de la ligne 9.

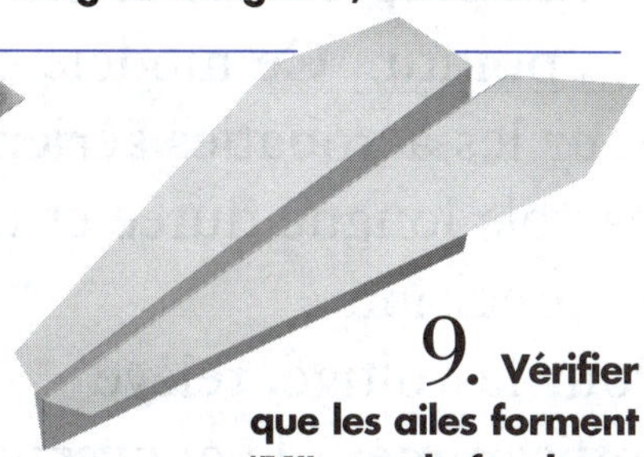

9. Vérifier que les ailes forment un "Y" avec le fuselage. Pour une meilleure stabilité, relever légèrement les gouvernails de profondeur.

Le Secret du Pirate

Ne te fie surtout pas aux apparences ! Cet avion plane mieux et il est aussi rapide – si ce n'est plus – que la plupart des avions au nez pointu. Ce modèle est idéal pour les acrobaties aériennes, les vols longue durée et les vols de précision.

Pour la voltige, relève suffisamment le gouvernail de profondeur.

Tu peux aussi utiliser cet avion en guise de messager : inscris tes messages secrets sur le dos de l'avion, plie-le et en route pour une nouvelle mission !

SI TON AVION FAIT DES PIQUÉS ET S'ÉCRASE : relève le gouvernail de profondeur en redressant légèrement le bord de fuite des ailes ou lance l'avion avec un peu plus de force.

SI TON AVION GRIMPE, RALENTIT ET S'ÉCRASE : abaisse légèrement le gouvernail de profondeur en aplatissant le bord de fuite des ailes ou lance l'avion avec un peu moins de force.

SI TON AVION VIRE À DROITE : incline légèrement le gouvernail de direction sur la gauche.

SI TON AVION VIRE À GAUCHE : incline légèrement le gouvernail de direction sur la droite.

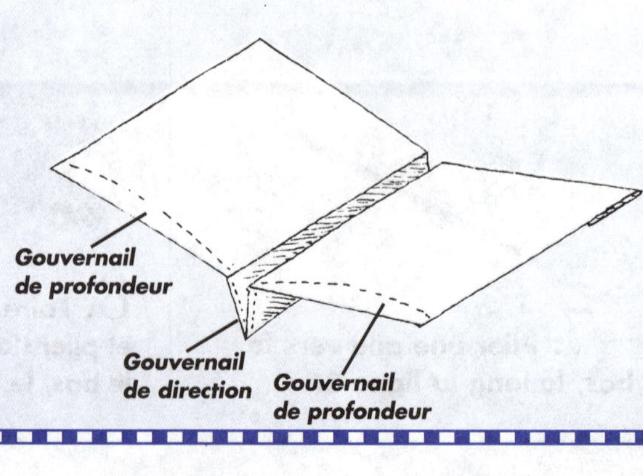

Instructions

Rappel : plier le long des tirets violets (qui seront invisibles une fois le pliage terminé) et plier le long des pointillés jaunes (qui seront visibles une fois le papier plié). **Un petit conseil :** ce modèle ayant un nez assez volumineux (et il est parfois difficile de plier les ailes), essaie de former le pli aussi nettement que possible.

1. Plier vers le haut, le long de la ligne 1 jusqu'à la ligne 2.

2. Plier le long de la ligne 2 jusqu'à la ligne 3.

3. Plier le long de la ligne 3 jusqu'à la ligne 4 et ainsi de suite jusqu'à la ligne 8.

4. Faire pivoter l'avion et le plier en deux le long de la ligne 9.

5. Plier une aile vers le haut, le long de la ligne 10.

6. Faire pivoter l'avion et plier la seconde aile vers le bas, le long de la ligne 11.

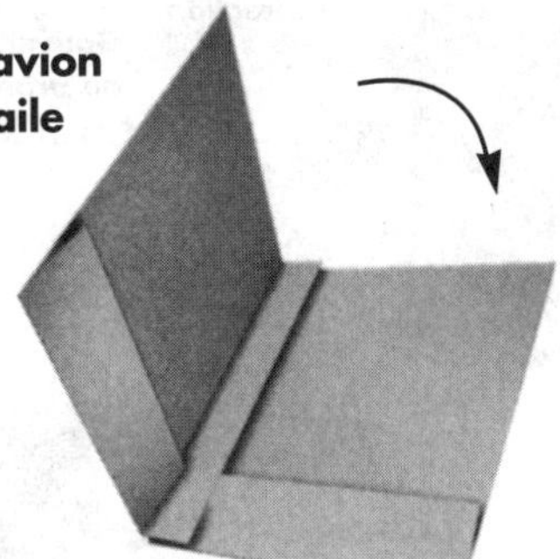

**7. Vérifier que les ailes forment un "Y" avec le fuselage.
Pour une meilleure stabilité, relever légèrement les gouvernails de profondeur.**

La Fléchette

Un modèle facile à réaliser, esthétique et très stable, notamment si le gouvernail de profondeur est légèrement relevé.
Cet avion, qui n'est pas sans rappeler la Flèche classique – l'un des avions en papier les plus répandus, – est particulièrement recommandé pour les vols longue distance et les vols de précision.
Pour accroître sa stabilité et augmenter sa vitesse, glisse un trombone sur son nez.
Et qui s'y frotte, s'y pique !

DERNIERS RÉGLAGES

SI TON AVION FAIT DES PIQUÉS ET S'ÉCRASE : relève le gouvernail de profondeur en redressant légèrement le bord de fuite des ailes ou lance l'avion avec un peu plus de force.

SI TON AVION GRIMPE, RALENTIT ET S'ÉCRASE : abaisse légèrement le gouvernail de profondeur en aplatissant le bord de fuite des ailes ou lance l'avion avec un peu moins de force.

SI TON AVION VIRE À DROITE : incline légèrement le gouvernail de direction sur la gauche.

SI TON AVION VIRE À GAUCHE : incline légèrement le gouvernail de direction sur la droite.

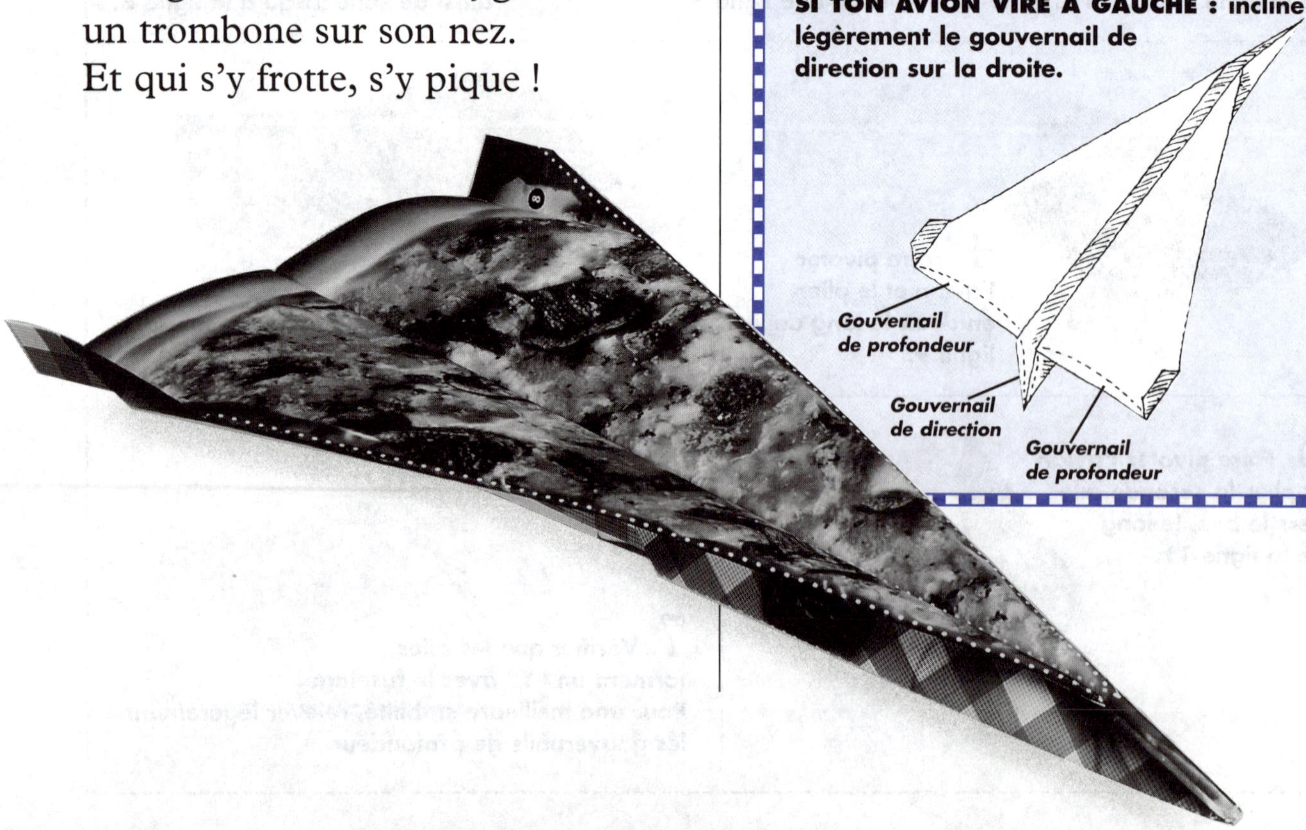

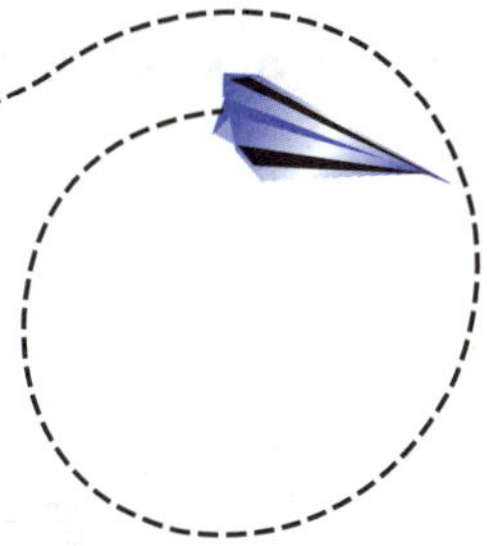

Instructions

Rappel : plier le long des tirets bleus (qui seront invisibles une fois le pliage terminé) et plier le long des pointillés jaunes (qui seront visibles une fois le papier plié).

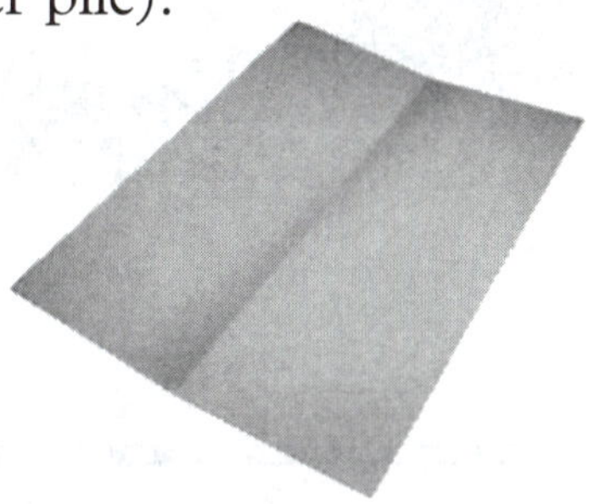

1. Plier l'avion en deux, le long de la ligne 5 au centre. Rouvrir la feuille.

2. Plier le long des lignes 1 et 2.

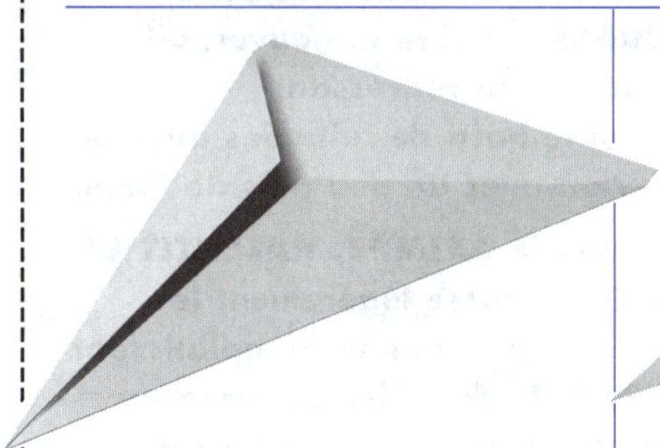

3. Plier le long des lignes 3 et 4.

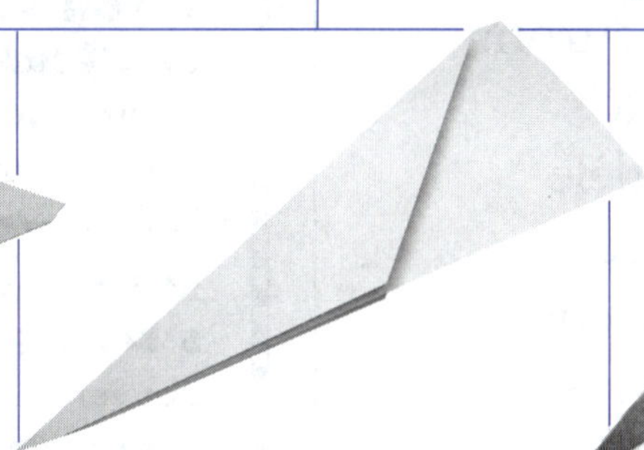

4. Plier l'avion en deux, le long de la ligne 5 au centre.

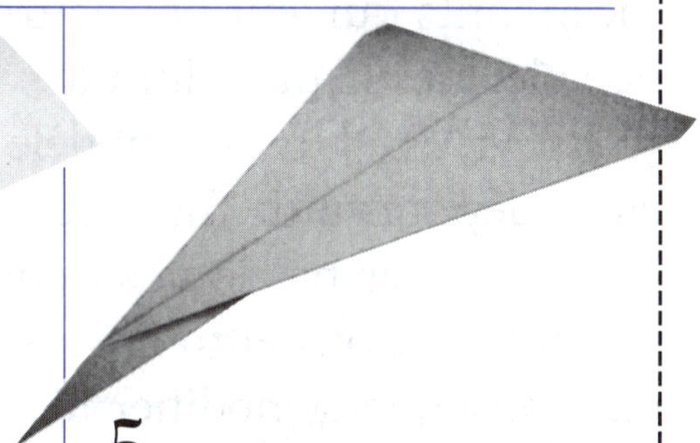

5. Plier une aile vers le bas, le long de la ligne 6.

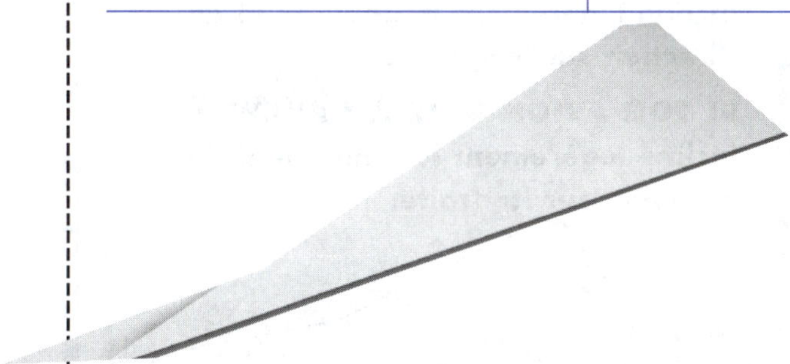

6. Faire pivoter l'avion et plier la seconde aile vers le haut, le long de la ligne 7.

7. Ouvrir l'avion et plier les ailerons vers le haut, le long des lignes 8 et 9. Vérifier que les ailes forment un "Y" avec le fuselage. Pour une meilleure stabilité, relever légèrement les gouvernails de profondeur.

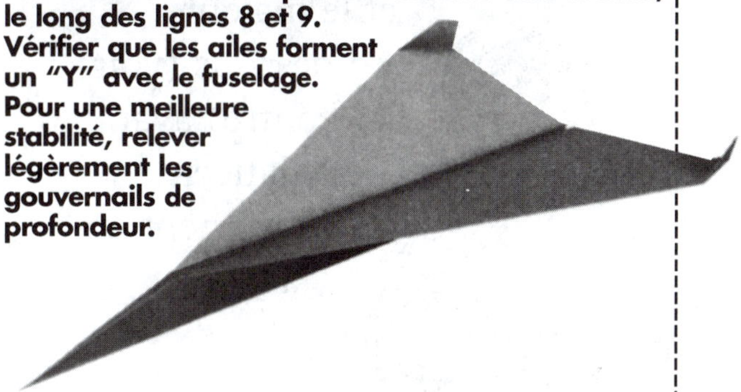

Le Planeur

À l'instar des vrais planeurs, ce modèle possède deux ailes longues et très étroites qui permettent à ces avions dépourvus de réacteur de diminuer la traînée et d'être plus performants. Après avoir été remorqués dans le ciel par des avions à moteur, les planeurs recherchent les courants ascendants qui leur permettront de voler des heures durant.

REMARQUE : ce modèle étant dépourvu de fuselage, tu ne pourras pas le saisir comme les autres avions et tu devras par conséquent modifier ton lancer. Tiens l'avion en mettant le bord plié vers l'avant, glisse ton index sur le dessus de l'avion et le pouce et le majeur en dessous (voir ci-contre) avant de le lancer doucement en avant.

DERNIERS RÉGLAGES

SI TON AVION FAIT DES PIQUÉS ET S'ÉCRASE : relève le gouvernail de profondeur en redressant légèrement le bord de fuite des ailes ou lance l'avion avec un peu plus de force.

SI TON AVION GRIMPE, RALENTIT ET S'ÉCRASE : abaisse légèrement le gouvernail de profondeur en aplatissant le bord de fuite des ailes ou lance l'avion avec un peu moins de force.

SI TON AVION VIRE À DROITE : incline légèrement le gouvernail de direction sur la gauche.

SI TON AVION VIRE À GAUCHE : incline légèrement le gouvernail de direction sur la droite.

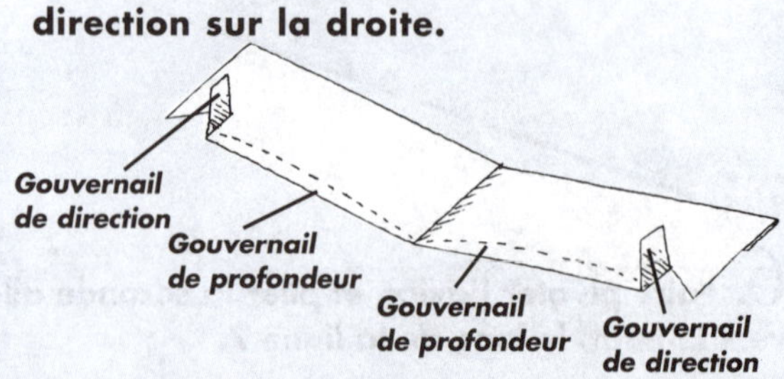

Instructions

Rappel : découper le long des lignes blanches continues. Plier le long des tirets jaunes (qui seront invisibles une fois le pliage terminé) et plier le long des pointillés rouges (qui seront visibles une fois le papier plié).

1. Découper les différentes parties comme indiqué ci-dessus.

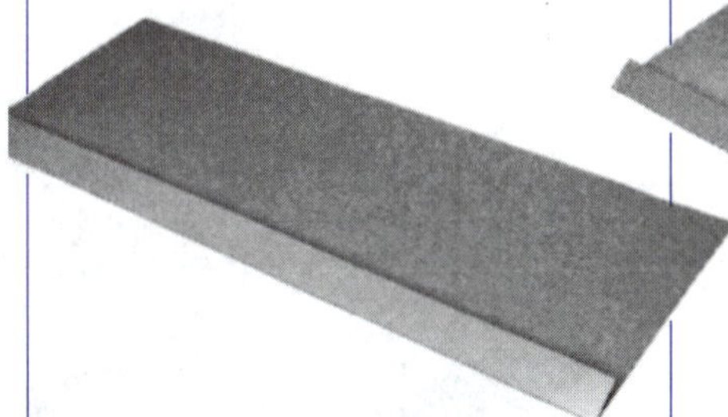

2. Prendre une partie et plier vers le haut, le long de la ligne 1.

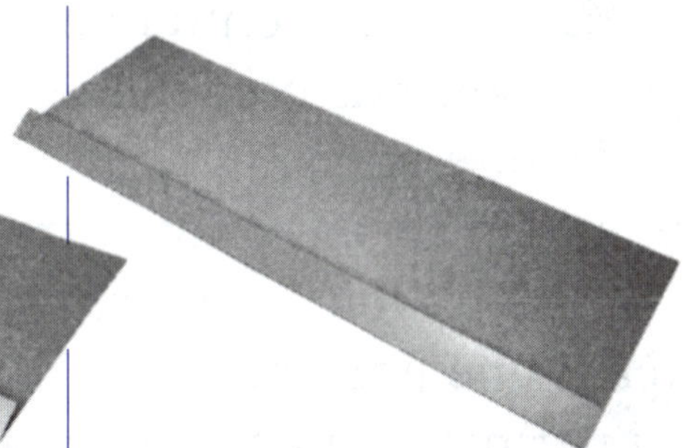

3. Plier le long de la ligne 2.

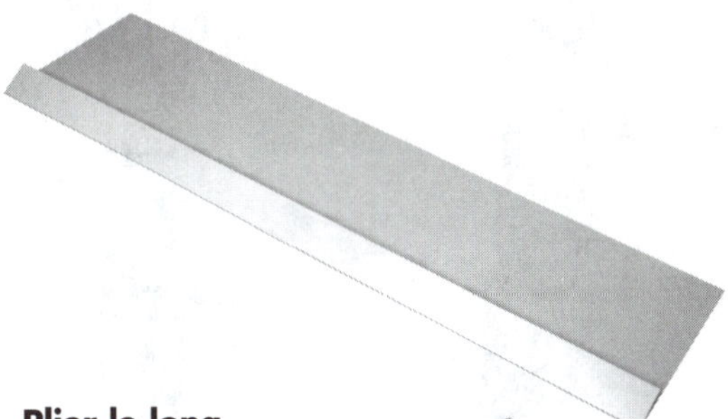

4. Plier le long de la ligne 3.

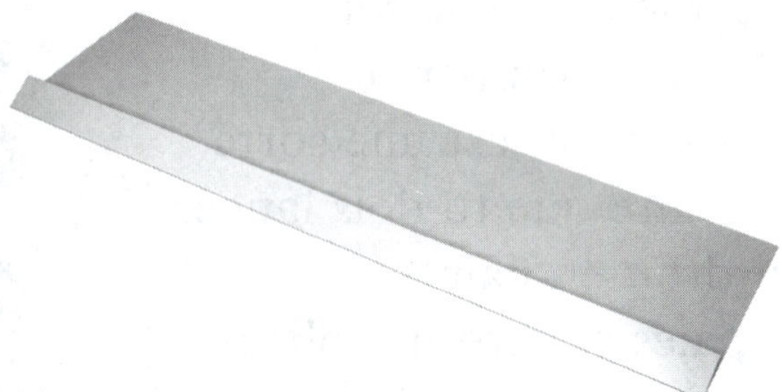

5. Plier le long de la ligne 4.

6. Faire pivoter l'avion et plier en deux le long de la ligne 5.

7. Découper le long des lignes continues, sur les bords des ailes et plier les ailerons vers le haut, le long des lignes 6 et 7. Ouvrir les ailes vers le haut afin qu'elles forment un large "V".

Le Robocoptère

Que se passerait-il si le moteur d'un hélicoptère s'arrêtait en plein vol ? Eh bien, contrairement à ce que tu pourrais croire, l'hélicoptère ne s'écrasera pas.
En effet, l'air circulant entre les pales les fera tourner, créant une portance qui permettra à l'engin de se transformer en un autogire qui descendra doucement vers le sol.
Le Robo-Chopper (le Robocoptère) est une sorte d'autogire que tu dois lancer tout droit en l'air.
Les pales resteront repliées jusqu'à ce que l'avion ait fini de grimper.
Elles s'ouvriront ensuite, permettant à l'avion de tournoyer rapidement dès qu'il amorcera sa descente.
Plus l'avion est lancé de haut (par exemple, s'il est lancé du haut d'un escalier), plus les figures sont belles.

DERNIERS RÉGLAGES

SI TON AVION NE TOURNOIE PAS : vérifie que les pales sont légèrement relevées à la base. Si, pour une raison ou une autre, une pale ne fonctionne pas, change-la.

Instructions

Rappel : découper le long des lignes blanches continues. Plier le long des tirets noirs (qui seront invisibles une fois le pliage terminé) et plier le long des pointillés gris (qui seront visibles une fois le papier plié).

1. Découper les différentes parties comme indiqué ci-dessus.

2. Prendre une partie et découper le long des lignes blanches continues.

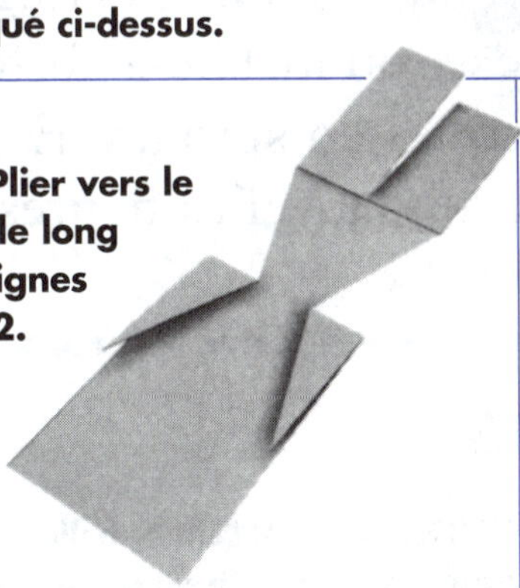

3. Plier vers le bas, le long des lignes 1 et 2.

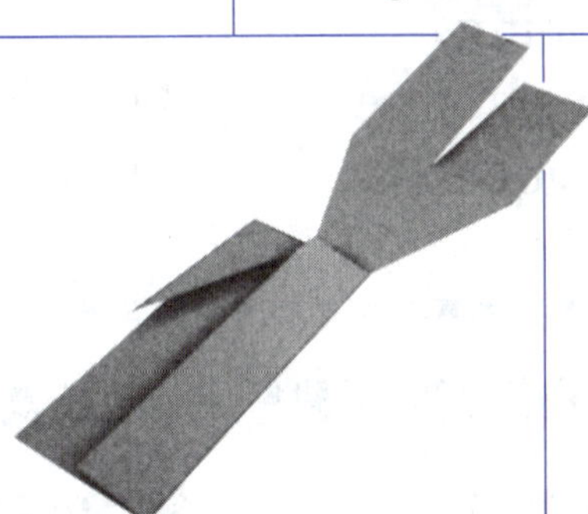

4. Plier le long de la ligne 3.

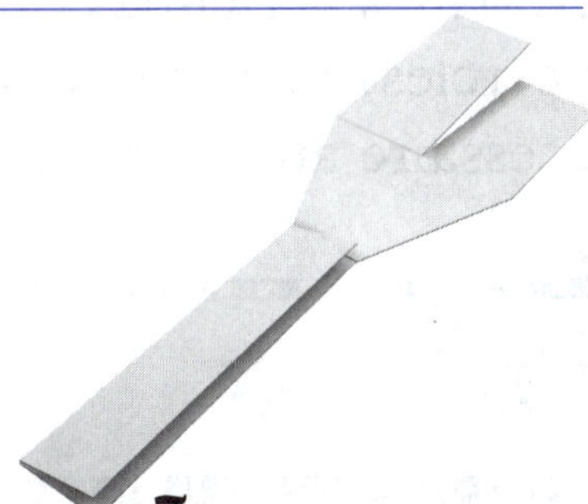

5. Plier le long de la ligne 4.

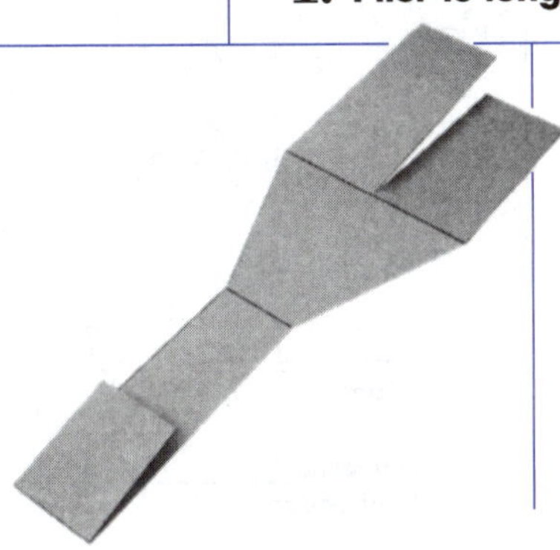

6. Plier vers le haut, le long de la ligne 5. Mettre un morceau de ruban adhésif (facultatif).

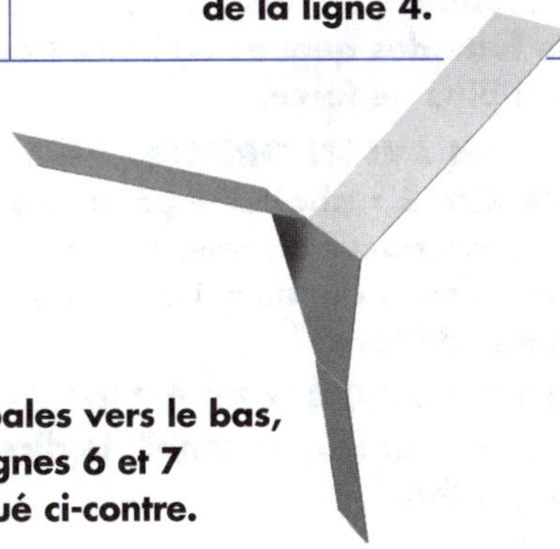

7. Plier les pales vers le bas, le long des lignes 6 et 7 comme indiqué ci-contre.

La Chauve-Souris

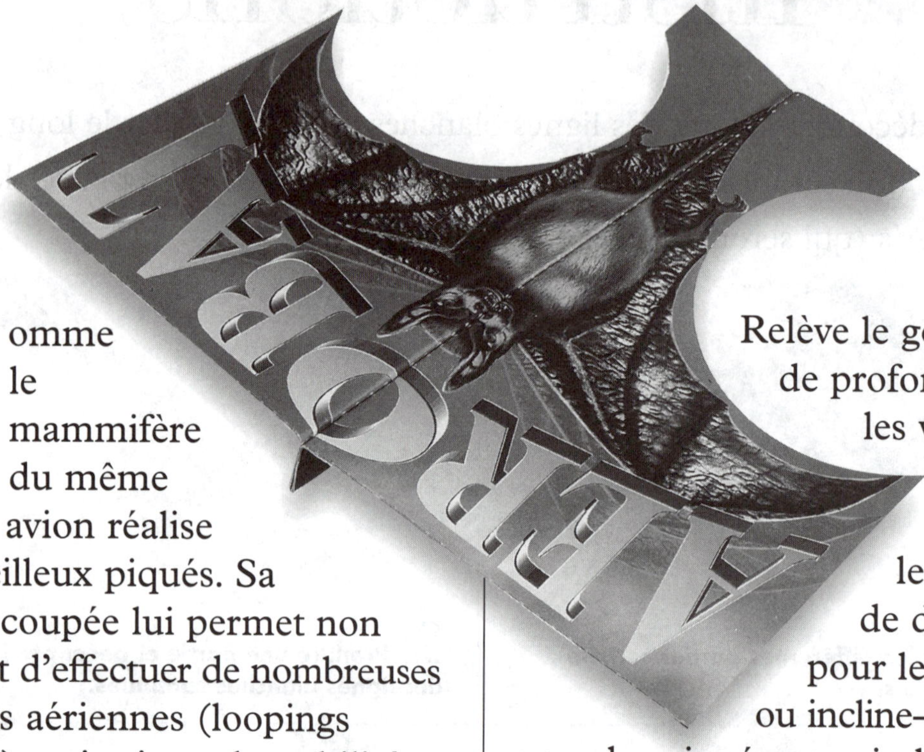

Comme le mammifère du même nom, cet avion réalise de merveilleux piqués. Sa queue découpée lui permet non seulement d'effectuer de nombreuses acrobaties aériennes (loopings et cercles) mais ajoute la stabilité nécessaire aux vols "classiques".

Relève le gouvernail de profondeur pour les voltiges. Incline légèrement le gouvernail de direction pour les virages, ou incline-le fortement pour les piqués en spirales. Essaie de trouver de nouvelles figures.

DERNIERS RÉGLAGES

SI TON AVION FAIT DES PIQUÉS ET S'ÉCRASE : relève le gouvernail de profondeur en redressant légèrement le bord de fuite des queues ou lance l'avion avec un peu plus de force.

SI TON AVION GRIMPE, RALENTIT ET S'ÉCRASE : abaisse légèrement le gouvernail de profondeur en aplatissant le bord de fuite des queues ou lance l'avion avec un peu moins de force.

SI TON AVION VIRE À DROITE : incline légèrement le gouvernail de direction sur la gauche.

SI TON AVION VIRE À GAUCHE : incline légèrement le gouvernail de direction sur la droite.

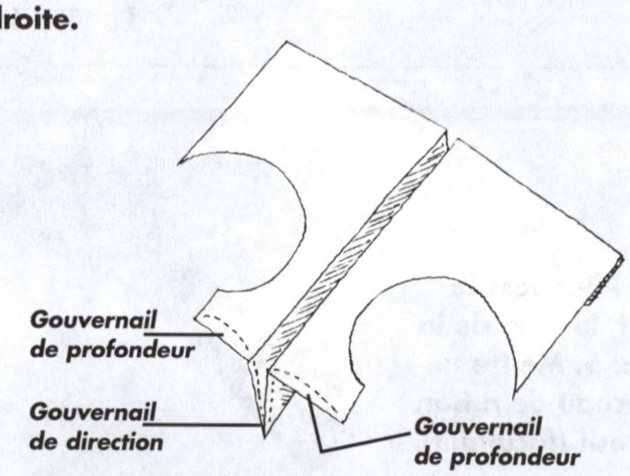

Instructions

Rappel : découper le long des lignes blanches continues. Plier le long des tirets rouges (qui seront invisibles une fois le pliage terminé) et plier le long des pointillés verts (qui seront visibles une fois le papier plié).

1. **Découper comme indiqué.**

2. **Plier le long des lignes 1 et 2.**

3. **Plier vers le haut, le long de la ligne 3.**

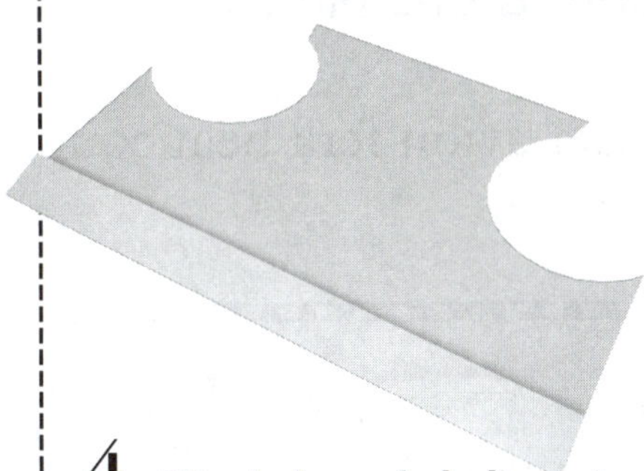

4. **Plier le long de la ligne 4 à la ligne 9.**

5. **Faire pivoter l'avion. Le plier en deux le long de la ligne 10.**

6. **Plier une aile vers le bas, le long de la ligne 11.**

7. **Faire pivoter l'avion et plier l'autre aile vers le haut, sur la ligne 12.**

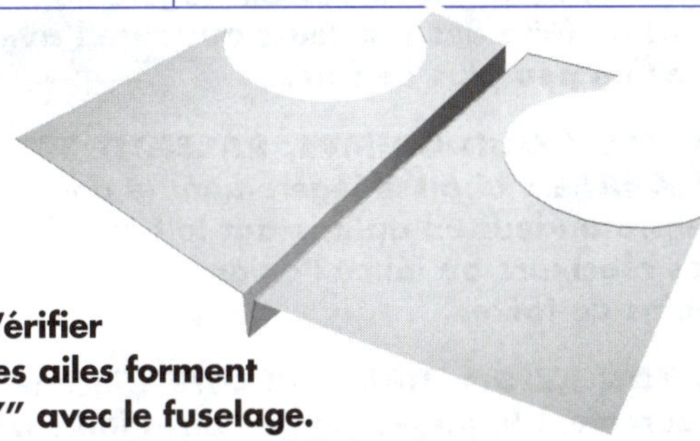

8. **Vérifier que les ailes forment un "Y" avec le fuselage. Pour une meilleure stabilité, relever légèrement les gouvernails de profondeur.**

L'Aventurier de l'Espace

Aux commandes de cet engin futuriste, pars à l'aventure et découvre l'environnement dans lequel vit cette espèce étrange que l'on appelle les hommes – y compris la chambre de ton frère ! Ce planeur te permettra de réaliser de merveilleux vols intergalactiques et d'atterrir dans les contrées les plus lointaines et les moins accueillantes comme le bord d'une table ou d'une chaise.
Attention ! Cet avion fera beaucoup d'envieux.

DERNIERS RÉGLAGES

SI TON AVION FAIT DES PIQUÉS ET S'ÉCRASE : relève le gouvernail de profondeur en redressant légèrement le bord de fuite des réacteurs ou lance l'avion avec un peu plus de force.

SI TON AVION GRIMPE, RALENTIT ET S'ÉCRASE : abaisse légèrement le gouvernail de profondeur en aplatissant le bord de fuite des réacteurs ou lance l'avion avec un peu moins de force.

SI TON AVION VIRE À DROITE : incline légèrement le gouvernail de direction sur la gauche.

SI TON AVION VIRE À GAUCHE : incline légèrement le gouvernail de direction sur la droite.

SI LES PROBLÈMES PERSISTENT : vérifie que les réacteurs sont plats et ne sont pas courbés sauf si tu as volontairement relevé le gouvernail de profondeur.

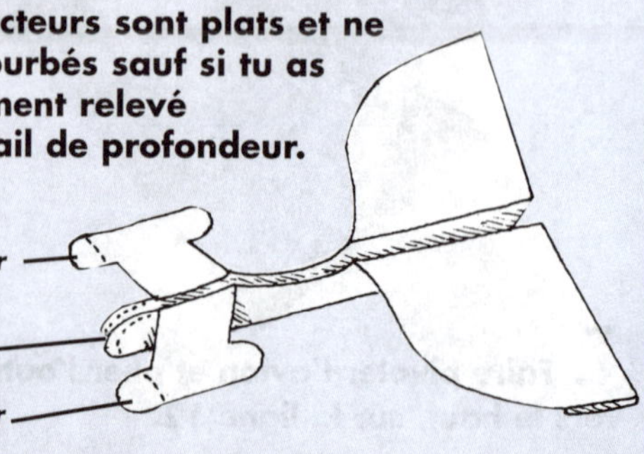

Instructions

Rappel : découper le long des lignes blanches continues. Plier le long des tirets jaunes (qui seront invisibles une fois le pliage terminé) et plier le long des pointillés verts (qui seront visibles une fois le papier plié).

1. Découper l'avion comme indiqué. Plier le long des lignes 1 et 2. Pour la découpe au centre de l'avion, plier l'avion en deux le long de la ligne 5, découper et rouvrir l'avion.

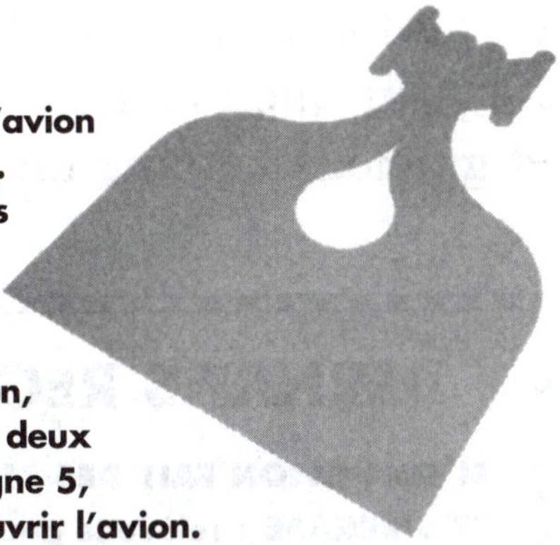

2. Plier vers le haut, le long de la ligne 1.

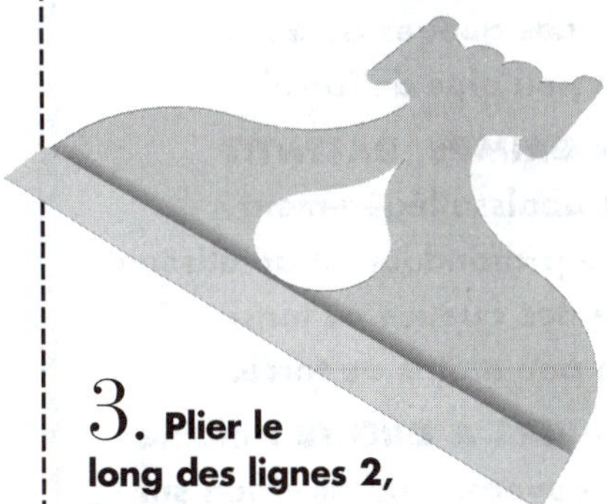

3. Plier le long des lignes 2, 3 et 4.

4. Faire pivoter l'avion. Le plier en deux le long de la ligne 5.

5. Plier une aile vers le bas, le long de la ligne 6. Plier un réacteur vers le bas, le long de la ligne 7.

6. Faire pivoter l'avion et plier l'autre aile vers le haut, le long de la ligne 8. Plier l'autre réacteur vers le haut, le long de la ligne 9.

7. Ouvrir l'avion et vérifier que les ailes forment un "Y" avec le fuselage.

LE Papillon

La nature est remplie de merveilleuses espèces volantes : aigles puissants, hirondelles rapides et agiles et papillons pleins de grâce et d'élégance. Si ces derniers paraissent lents et fragiles, ils sont néanmoins d'infatigables voyageurs. Le monarque, par exemple traverse deux fois par an toute l'Amérique du Nord. S'il est peu probable que ton avion parte pour des contrées aussi lointaines, il n'en sera pas moins un excellent voyageur. Pour les vols rapides et directs, laisse les gouvernails de profondeur à plat. Relève les pour que ton avion vole, léger et gracieux comme un papillon.

DERNIERS RÉGLAGES

SI TON AVION FAIT DES PIQUÉS ET S'ÉCRASE : relève le gouvernail de profondeur en redressant légèrement le bord de fuite des queues ou lance l'avion avec un peu plus de force.

SI TON AVION GRIMPE, RALENTIT ET S'ÉCRASE : abaisse légèrement le gouvernail de profondeur en aplatissant le bord de fuite des queues ou lance l'avion avec un peu moins de force.

SI TON AVION VIRE À DROITE : incline légèrement le gouvernail de direction sur la gauche.

SI TON AVION VIRE À GAUCHE : incline légèrement le gouvernail de direction sur la droite.

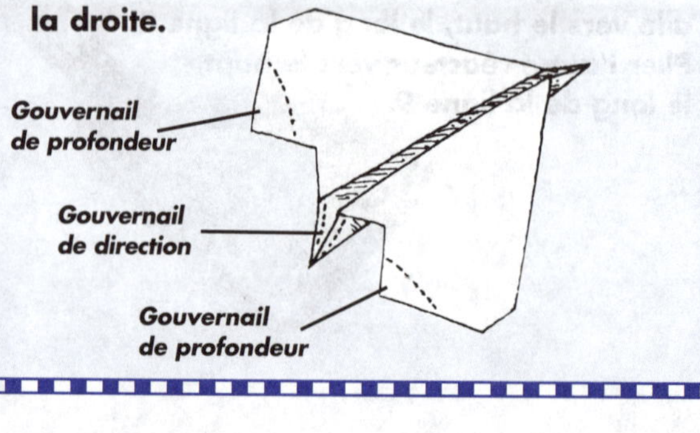

Instructions

Rappel : découper le long des lignes blanches continues. Plier le long des tirets bleus (qui seront invisibles une fois le pliage terminé) et plier le long des pointillés jaunes (qui seront visibles une fois le papier plié).

1. Découper les queues comme indiqué ci-dessus.

2. Plier le long des lignes 1 et 2.

3. Plier vers le haut, le long de la ligne 3.

4. Plier le long des lignes 4 et 5.

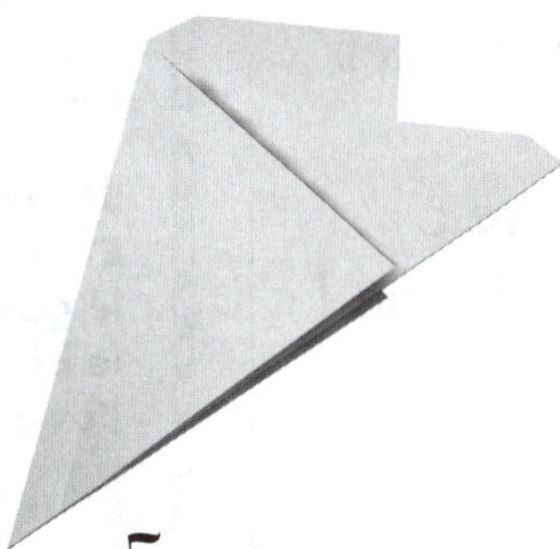

5. Plier l'avion en deux le long de la ligne 6.

6. Plier une aile vers le bas, le long de la ligne 7.

7. Faire pivoter l'avion et plier l'autre aile vers le haut, le long de la ligne 8.

8. Ouvrir l'avion pour que les ailes forment un "Y" avec le fuselage.

LE Coup de Tonnerre

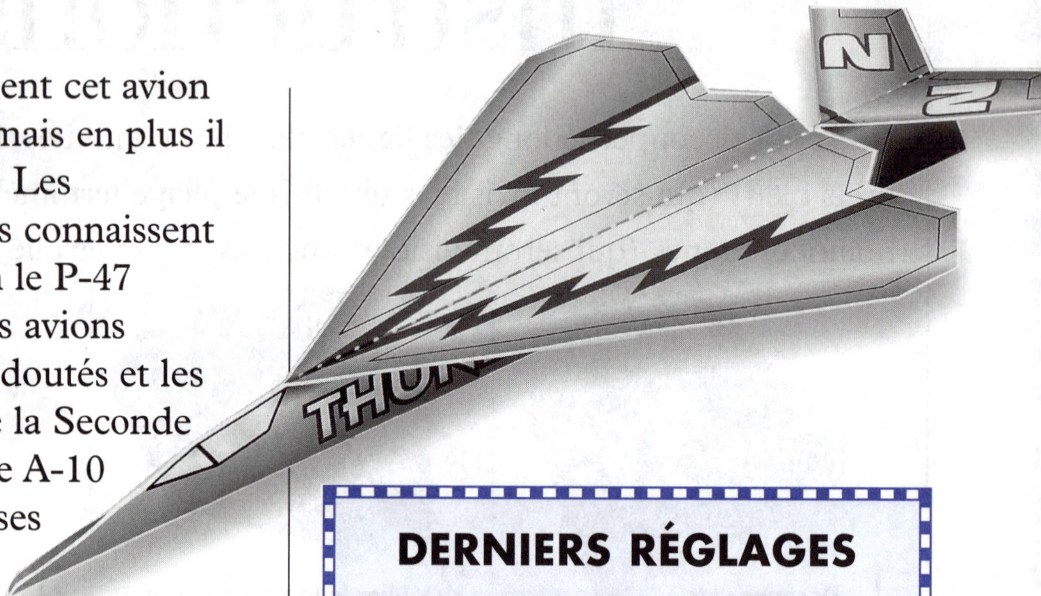

Non seulement cet avion est beau, mais en plus il vole bien ! Les spécialistes connaissent particulièrement bien le P-47 Thunderbolt, l'un des avions de combat les plus redoutés et les plus puissants lors de la Seconde Guerre mondiale et le A-10 Thunderbolt II avec ses énormes canons qui s'illustra lors de la guerre du Golfe. Aussi performant que ses maîtres, ton avion en papier réalisera des vols fabuleux. Alors plus une minute à perdre ; en route pour une nouvelle mission !

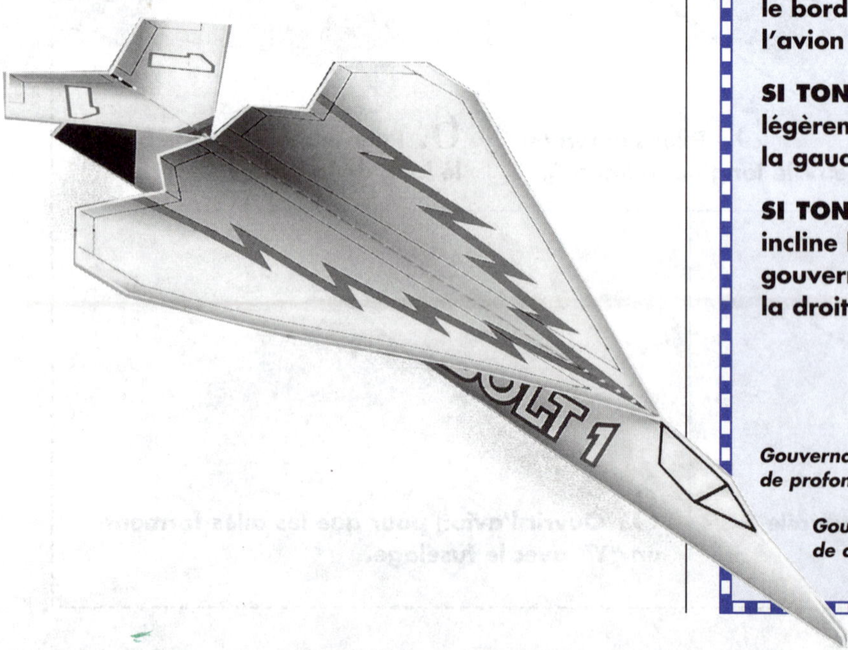

DERNIERS RÉGLAGES

SI TON AVION FAIT DES PIQUÉS ET S'ÉCRASE : relève le gouvernail de profondeur en redressant légèrement le bord de fuite des queues ou lance l'avion avec un peu plus de force.

SI TON AVION GRIMPE, RALENTIT ET S'ÉCRASE : abaisse légèrement le gouvernail de profondeur en aplatissant le bord de fuite des queues ou lance l'avion avec un peu moins de force.

SI TON AVION VIRE À DROITE : incline légèrement le gouvernail de direction sur la gauche.

SI TON AVION VIRE À GAUCHE : incline légèrement le gouvernail de direction sur la droite.

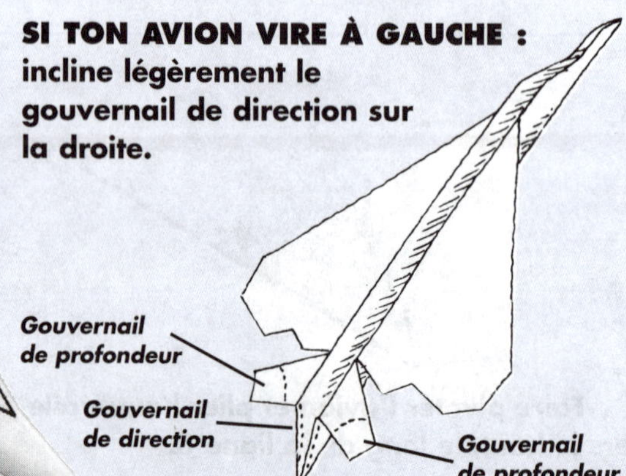

Instructions

Rappel : découper le long des lignes blanches continues. Plier le long des tirets jaunes (qui seront invisibles une fois le pliage terminé) et plier le long des pointillés roses (qui seront visibles une fois le papier plié).

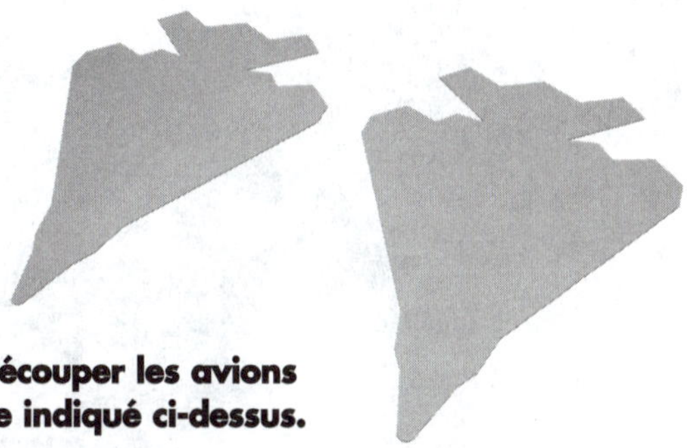

1. **Découper les avions comme indiqué ci-dessus.**

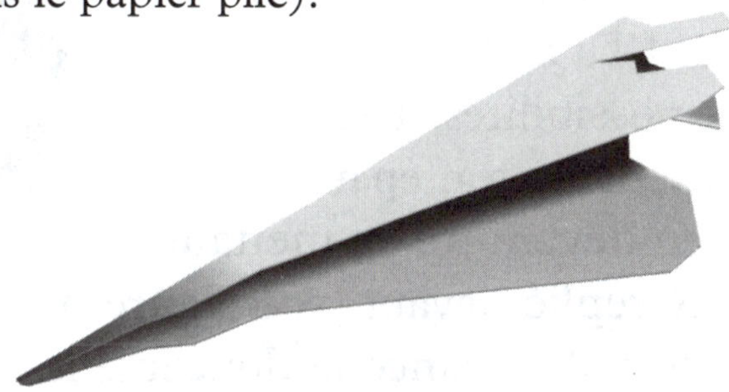

2. **Prendre un avion et le plier en deux le long de la ligne 1.**

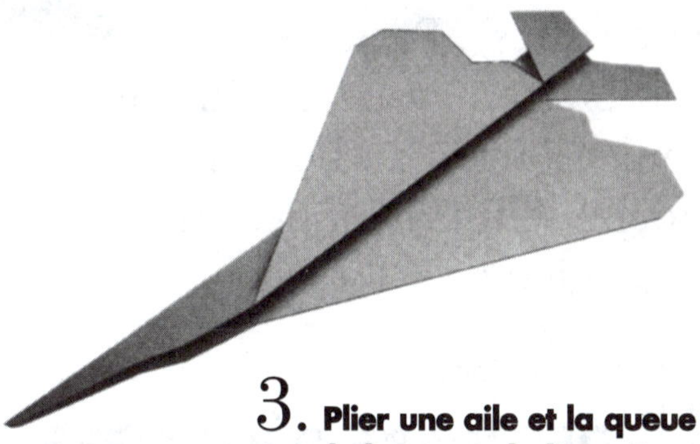

3. **Plier une aile et la queue vers le haut, sur la ligne 2.**

4. **Faire pivoter l'avion.**

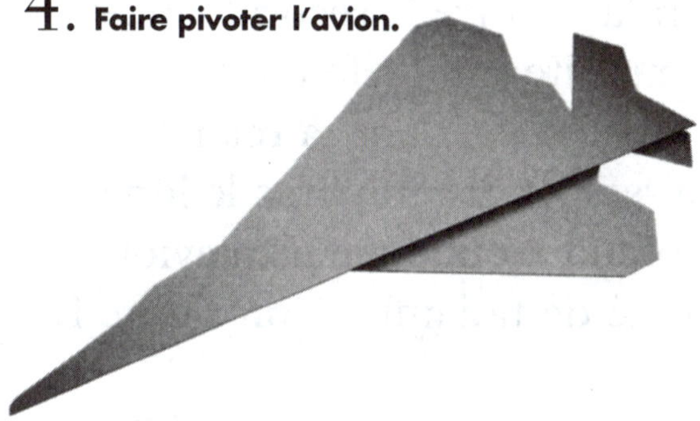

5. **Plier l'autre aile et l'autre queue vers le bas, le long de la ligne 3.**

6. **Ouvrir l'avion afin que les ailes et les queues forment un "Y" avec le fuselage. Glisser un trombone sur le nez de l'avion.**

L'Anneau du Dragon

Comment un avion aussi étrange peut-il voler ? Quelle question ! Grâce à un bon lancer ! Tu as le choix entre deux possibilités. Tiens l'avion à hauteur de ton épaule, un peu devant toi en mettant le côté replié devant (voir figure A ci-dessous), et lance-le doucement. Pour un meilleur résultat, fais rouler l'avion au bout de tes doigts.

C'est un garçon de Géorgie qui m'a montré le second lancer qui eut vite ma préférence. Prends l'avion dans ta main et laisse pendre ton bras le long de ton corps en mettant l'avion du côté de ta jambe (voir figure B ci-dessous). Projette ton bras en avant, en faisant rouler l'avion au bout de tes doigts. Admire un peu ce vol prodigieux !

DERNIERS RÉGLAGES

Si malgré un bon lancer, ton avion ne vole pas, regarde-le de face et vérifie qu'il est parfaitement rond et non voilé. Pour rendre l'avion plus stable, mets une bande de ruban adhésif sur le devant (au niveau du pli). S'il ne vole toujours pas, une seule solution : en fabriquer un autre.

Instructions

Rappel : découper le long de la ligne blanche continue. Plier le long des tirets bleus (qui seront invisibles une fois le pliage terminé) et plier le long des pointillés jaunes (qui seront visibles une fois le papier plié).

1. **Découper comme indiqué ci-dessus.**

2. **Prendre une partie et la plier le long de la ligne 1.**

3. **Plier le long de la ligne 2.**

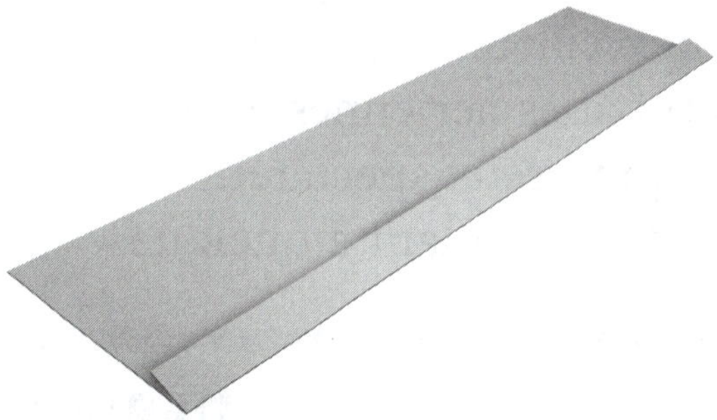

4. **Plier le long de la ligne 3.**

5. **Plier le long de la ligne 4.**

6. **Rouler la bande de papier pour former un tube en mettant les plis à l'intérieur. Faire se chevaucher les deux extrémités et les fixer avec du ruban adhésif.**

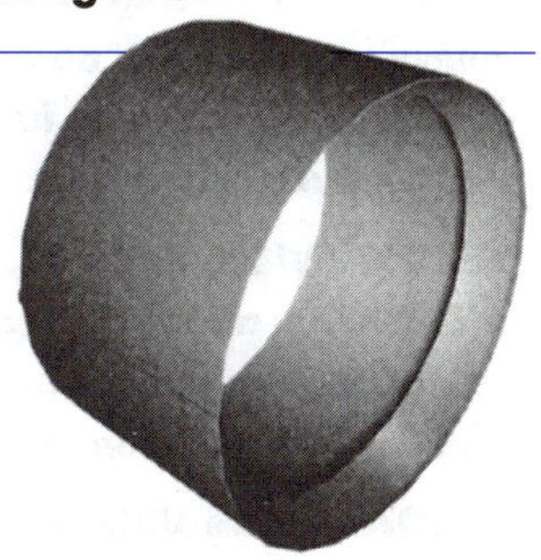

Les Anges Bleus et les Oiseaux du Tonnerre

Les premiers forment l'équipe de voltige aérienne de l'U.S. Navy et les seconds celle de l'Air Force. Chaque équipe, constituée de huit avions de combat à réaction, offre dans tout le pays de merveilleux spectacles d'acrobaties aériennes et donne à de nombreux spectateurs la chair de poule en volant à quelques centaines de mètres les uns des autres, prouvant ainsi l'extrême maniabilité de ces avions de combat, la maîtrise et les aptitudes de chacun des pilotes.

DERNIERS RÉGLAGES

SI TON AVION FAIT DES PIQUÉS ET S'ÉCRASE : relève le gouvernail de profondeur en redressant légèrement le bord de fuite des ailes ou lance l'avion avec un peu plus de force.

SI TON AVION GRIMPE, RALENTIT ET S'ÉCRASE : abaisse légèrement le gouvernail de profondeur en aplatissant le bord de fuite des ailes ou lance l'avion avec un peu moins de force.

SI TON AVION VIRE À DROITE : incline légèrement le gouvernail de direction sur la gauche.

SI TON AVION VIRE À GAUCHE : iIncline légèrement le gouvernail de direction sur la droite.

REMARQUE : tous les réglages doivent être effectués avec délicatesse et précaution.

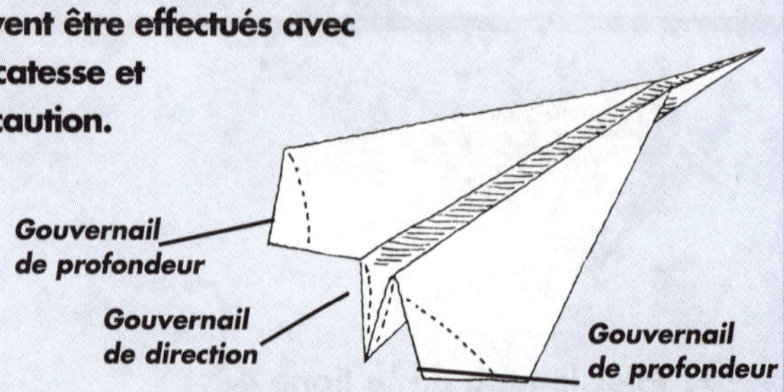

Instructions

Rappel : découper le long des lignes blanches continues. Plier le long des tirets jaunes (qui seront invisibles une fois le pliage terminé) et plier le long des pointillés rouges (qui seront visibles une fois le papier plié). **Un petit conseil :** ces avions étant de petite taille, forme bien chaque pli.

1. Découper les avions comme indiqué ci-dessus.

2. Plier le long des lianes 1 et 2.

3. Plier le long des lignes 3 et 4.

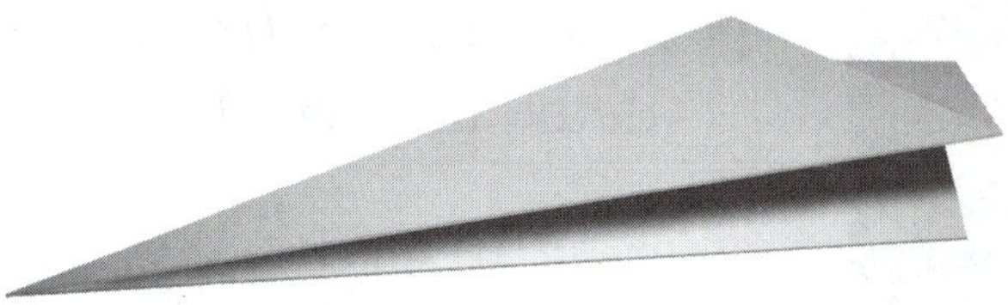

4. Plier l'avion en deux le long de la ligne 5.

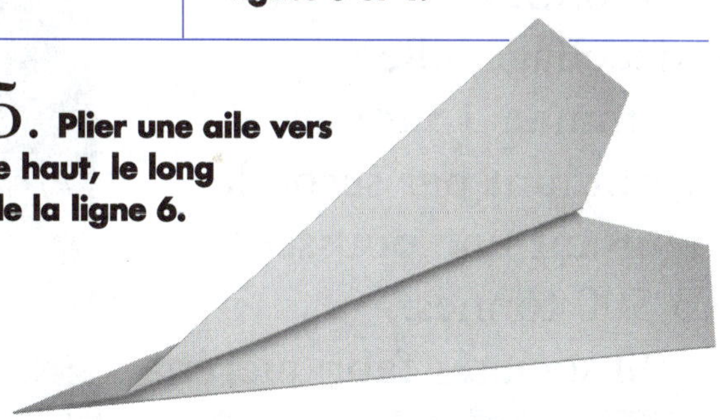

5. Plier une aile vers le haut, le long de la ligne 6.

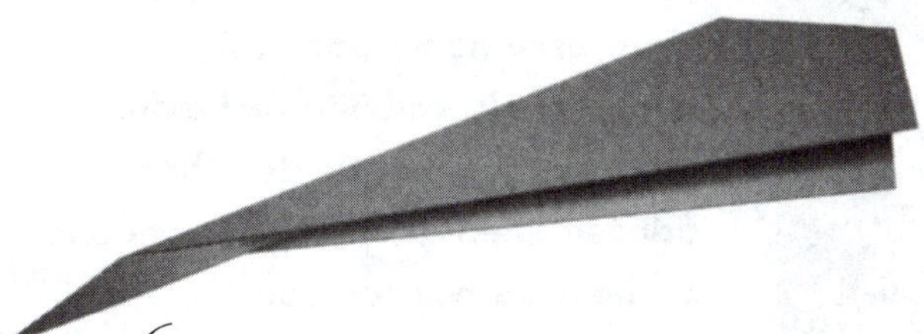

6. Faire pivoter l'avion et plier l'autre aile vers le bas, le long de la ligne 7.

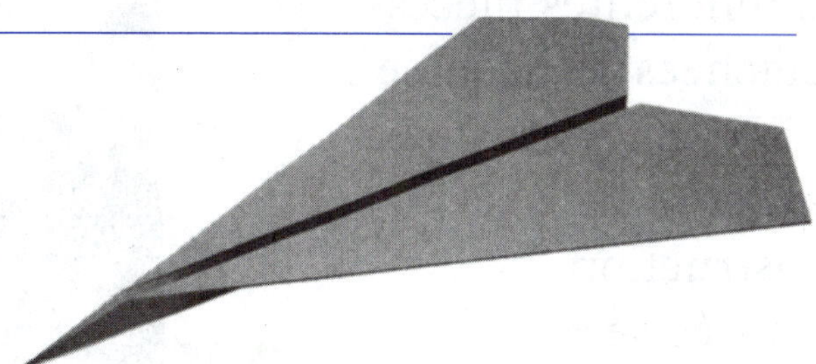

7. Ouvrir l'avion pour que les ailes forment un "Y" avec le fuselage.

La Fusée Saturne

Ce modèle est inspiré de la fusée américaine Saturne V qui, en juin 1969, emmena les premiers hommes sur la lune. En 1967 et 1973, 13 fusées Saturne V furent lancées dans l'espace et six d'entre elles permirent aux hommes de partir à la conquête de la lune. La fusée Saturne V, aussi haute qu'un immeuble de 35 étages, pesait 2 700 tonnes. Au décollage, elle consommait 15 tonnes de carburant par seconde produisant une poussée de 3 500 tonnes. 20 000 sociétés fabriquèrent les différentes pièces détachées de la fusée et 500 000 personnes participèrent à sa construction. Ta fusée sera incontestablement plus petite et plus facile à réaliser. De plus, au décollage, elle sera plus silencieuse et produira moins de fumée. Si tu séjournes à Cap Canaveral en Floride, ne manque pas d'aller admirer la vraie fusée Saturne V. En attendant, pourquoi ne pas transformer ta chambre en un petit centre spatial où tu exposeras les fusées construites par tes soins ? Cinq, quatre, trois, deux, un, zéro !

DERNIERS RÉGLAGES

Si la fusée ne va pas droit, augmente la stabilité de l'avion en fixant une bande de ruban adhésif et en glissant un trombone au bout du nez conique.

Instructions

1. **Découper la fusée comme indiqué ci-dessus.**

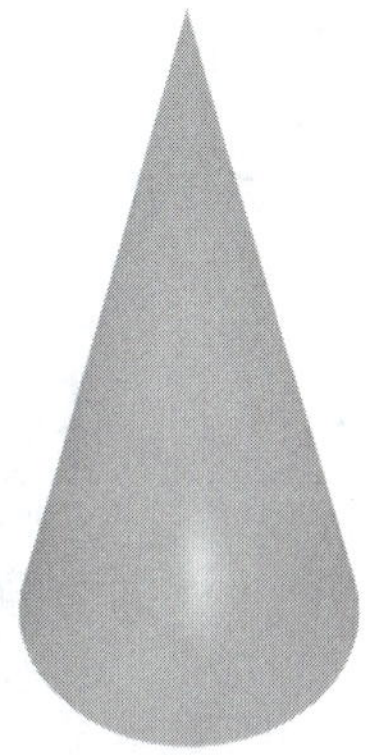

2. **Pour le nez de la fusée, former un cône. Maintenir les extrémités, les faire se chevaucher jusqu'à la ligne rose et les fixer avec du ruban adhésif. Pas de panique si le cône est un peu aplati ; il sera toujours possible de lui redonner sa forme au dernier moment.**

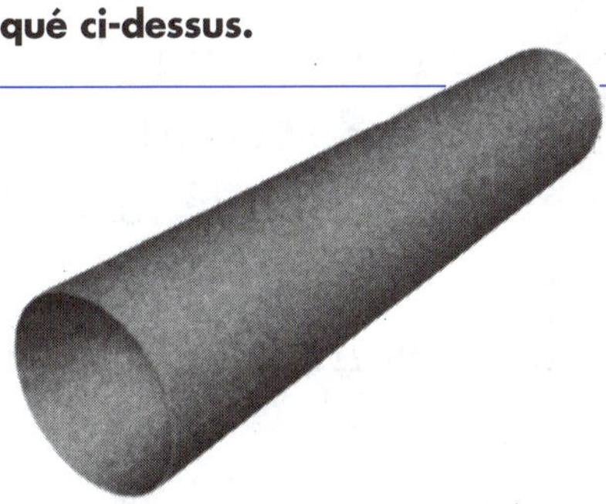

3. **Rouler le fuselage pour former un tube. Faire que les extrémités se chevauchent jusqu'à la ligne rose. Maintenir le tube avec des trombones à chaque extrémité et coller trois bandes de ruban adhésif au milieu et aux deux bouts.**

4. **Découper le long des lignes blanches à la base du tube. Incliner les dérives et les replier vers l'extérieur.**

5. **Placer le nez de l'avion sur le dessus du tube et le fixer avec du ruban adhésif. Mettre au moins deux bandes de ruban adhésif à chaque extrémité du tube. Prêt pour le décollage ?**

L'Avion en Papier du Record du Monde

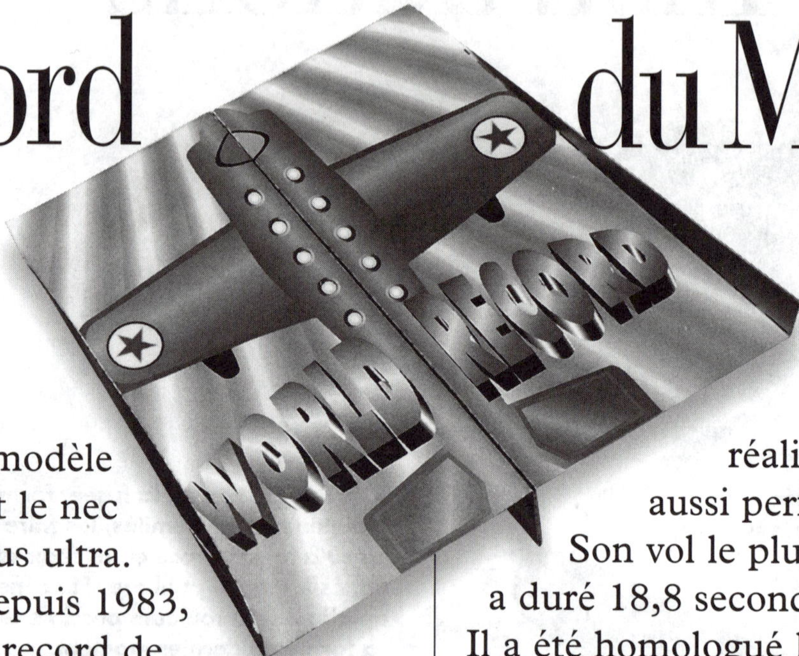

Ce modèle est le nec plus ultra. Depuis 1983, il détient le record de durée de vol.
J'avais 13 ans lorsque j'ai conçu cet avion et depuis, je n'ai jamais réalisé un planeur aussi performant.
Son vol le plus long a duré 18,8 secondes.
Il a été homologué le 17 février 1994.
Admire ses merveilleux vols en plein air.

DERNIERS RÉGLAGES

SI TON AVION FAIT DES PIQUÉS ET S'ÉCRASE : relève le gouvernail de profondeur en redressant légèrement le bord de fuite des ailes ou lance l'avion avec un peu plus de force.

SI TON AVION GRIMPE, RALENTIT ET S'ÉCRASE : abaisse légèrement le gouvernail de profondeur en aplatissant le bord de fuite des ailes ou lance l'avion avec un peu moins de force.

SI TON AVION VIRE À DROITE : incline légèrement le gouvernail de direction sur la gauche.

SI TON AVION VIRE À GAUCHE : incline légèrement le gouvernail de direction sur la droite.

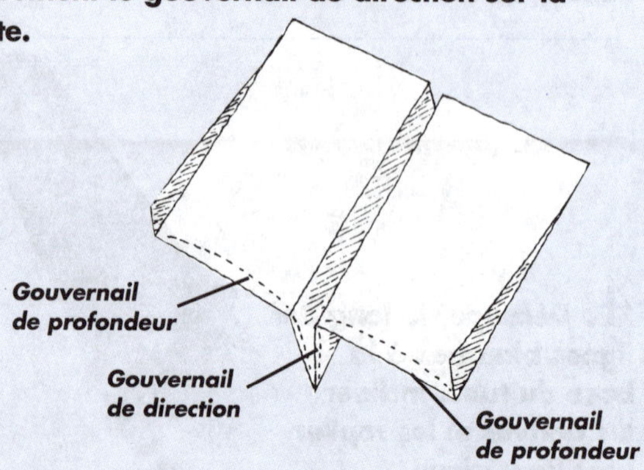

Instructions

Rappel : plier le long des tirets bleus (qui seront invisibles une fois le pliage terminé) et plier le long des pointillés rouges (qui seront visibles une fois le papier plié). **Un petit conseil :** ce modèle ayant un nez assez volumineux, essaie de former le pli aussi nettement que possible. Il se peut aussi que le papier au niveau des plis 1 et 2, se relève lorsque tu feras les plis de la ligne 3 à la ligne 10. Forme bien les plis et aplatis-les au fur et à mesure.

1. **Plier le long des lignes 1 et 2.**

2. **Plier vers le haut, le long de la ligne 3 jusqu'à la ligne 4.**

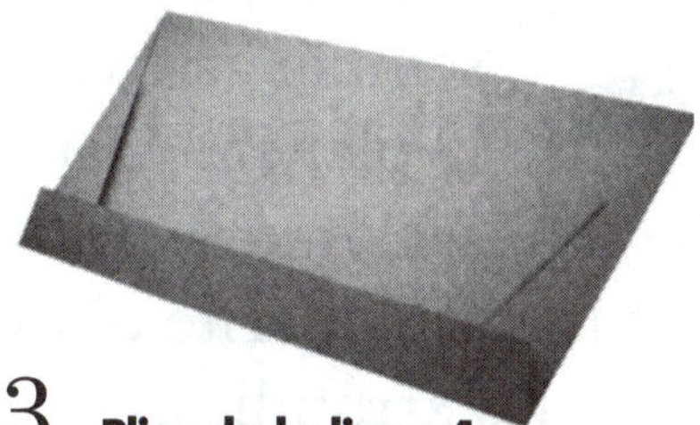

3. **Plier de la ligne 4 jusqu'à la ligne 9.**

4. **Plier le long de la ligne 10.**

5. **Faire pivoter l'avion et le plier en deux le long de la ligne 11.**

6. **Plier une aile vers le bas, le long de la ligne 12.**

7. **Faire pivoter l'avion et plier l'autre aile vers le bas, le long de la ligne 13.**

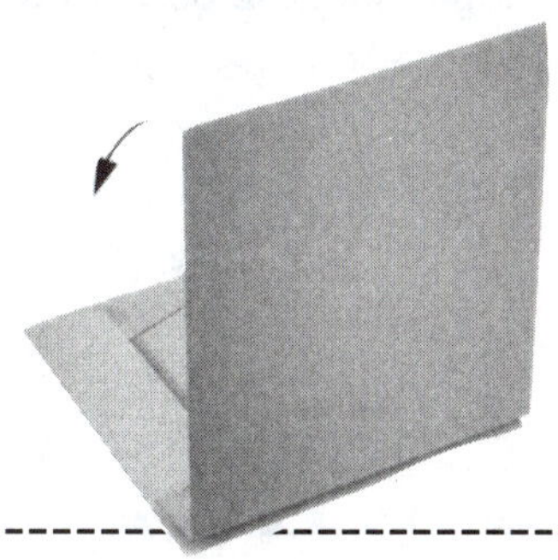

8. **Plier les ailerons vers le haut, le long des lignes 14 et 15. Vérifier que les ailes forment un "Y" avec le fuselage. Pour une meilleure stabilité, relever légèrement les gouvernails de profondeur.**

La Soucoupe Volante

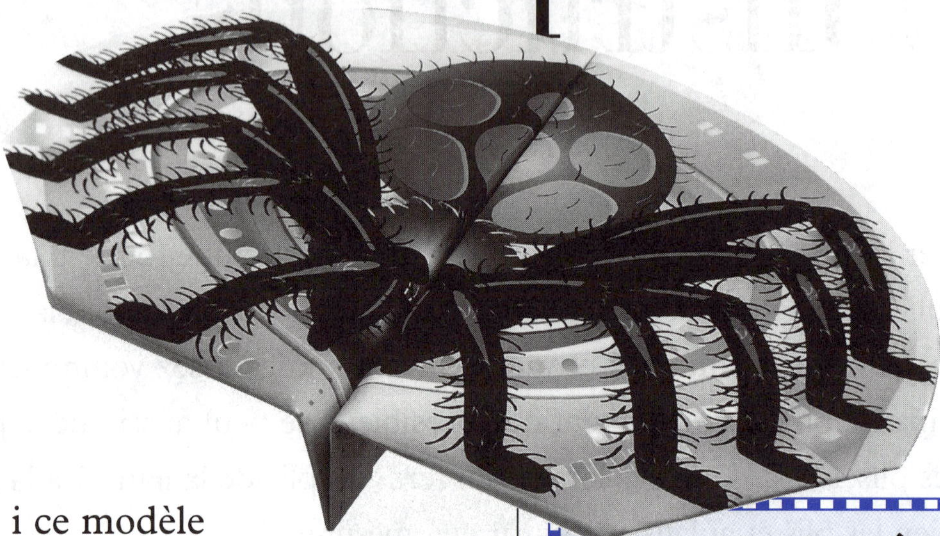

Si ce modèle semble arriver tout droit de la planète Mars, sache que plusieurs avions ont la particularité d'avoir des ailes arrondies.
Dans les années 30, le scientifique Charles Zimmerman conçut un avion ayant la forme d'une soucoupe volante, le V-173, qui, bien que volant parfaitement, ne dépassa pas le stade de prototype. Dans les années 50, une soucoupe volante à réaction, l'Avro Car, vit le jour. Décollant et atterrissant comme un hélicoptère, cet engin ne put jamais atteindre suffisamment d'altitude pour voler et fut laissé aux oubliettes. Néanmoins, ces différents projets ont prouvé que les soucoupes volantes pouvaient voler.

DERNIERS RÉGLAGES

SI TON AVION FAIT DES PIQUÉS ET S'ÉCRASE : relève le gouvernail de profondeur en redressant légèrement le bord de fuite des ailes ou lance l'avion avec un peu plus de force.

SI TON AVION GRIMPE, RALENTIT ET S'ÉCRASE : abaisse légèrement le gouvernail de profondeur en aplatissant le bord de fuite des ailes ou lance l'avion avec un peu moins de force.

SI TON AVION VIRE À DROITE : incline légèrement le gouvernail de direction sur la gauche.

SI TON AVION VIRE À GAUCHE : incline légèrement le gouvernail de direction sur la droite.

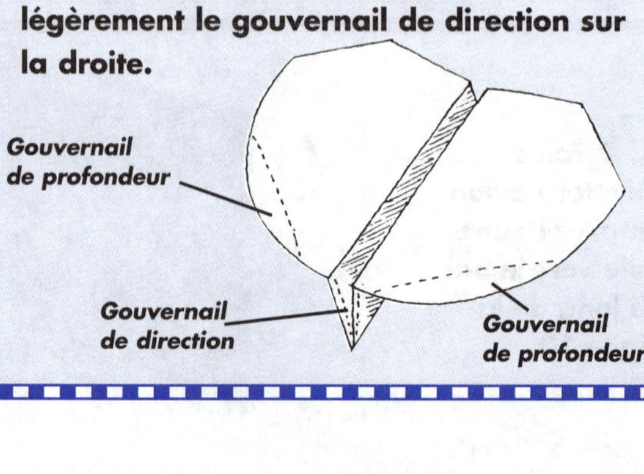

Instructions

Rappel : découper le long des lignes blanches continues. Plier le long des tirets roses (qui seront invisibles une fois le pliage terminé) et plier le long des pointillés jaunes (qui seront visibles une fois le papier plié).

1. Découper l'avion comme indiqué ci-dessus.

2. Plier le long des lignes 1 et 2.

3. Plier vers le haut, sur la ligne 3.

4. Plier le long des lignes 4 et 5.

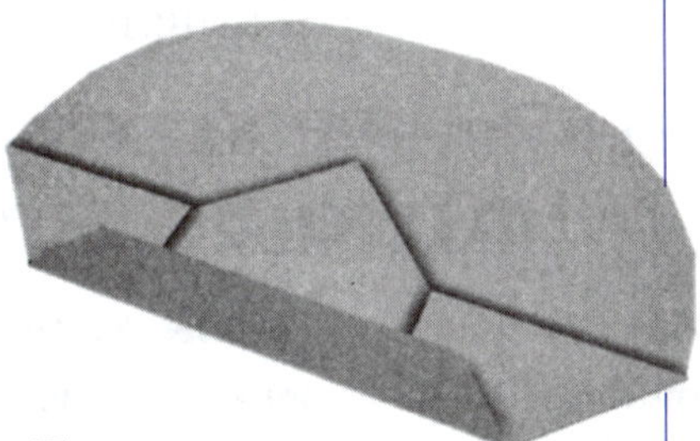

5. Plier vers le haut, le long des lignes 6 et 7.

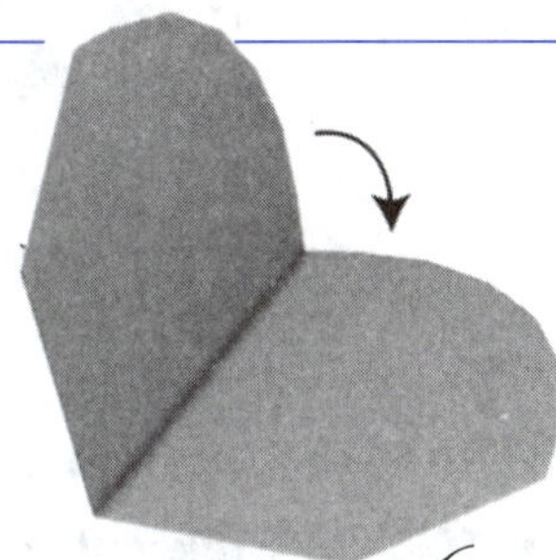

6. Faire pivoter l'avion et le plier en deux le long de la ligne 8.

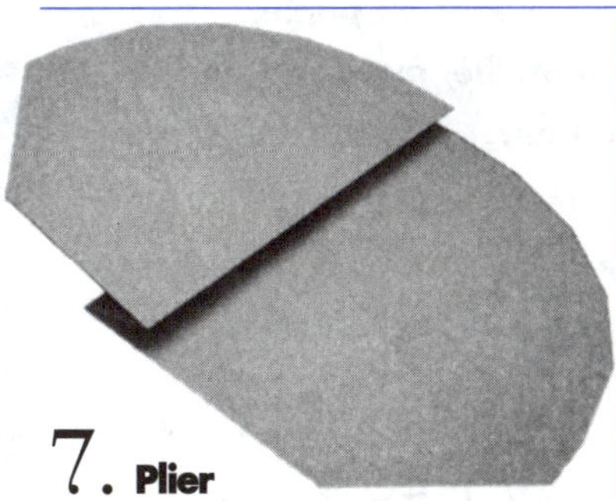

7. Plier une aile vers le haut, en suivant la ligne 9.

8. Plier l'autre aile vers le bas, en suivant la ligne 10.

9. Vérifier que les ailes forment un "Y" avec le fuselage. Pour une meilleure stabilité, relever légèrement les gouvernails de profondeur.

LE Grand Blanc

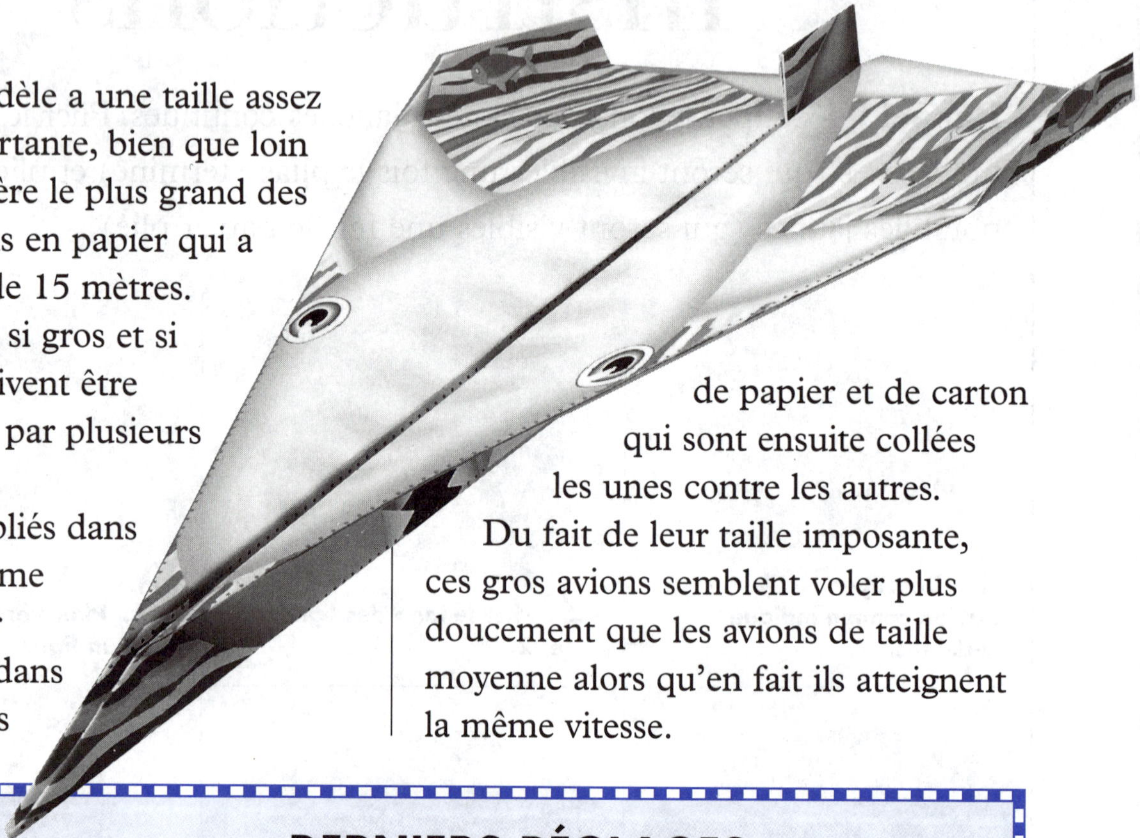

Ce modèle a une taille assez importante, bien que loin derrière le plus grand des avions en papier qui a une envergure de 15 mètres. Ces avions sont si gros et si lourds qu'ils doivent être portés et lancés par plusieurs personnes. Ils ne sont pas pliés dans une seule et même feuille de papier mais sont pliés dans plusieurs feuilles de papier et de carton qui sont ensuite collées les unes contre les autres.

Du fait de leur taille imposante, ces gros avions semblent voler plus doucement que les avions de taille moyenne alors qu'en fait ils atteignent la même vitesse.

DERNIERS RÉGLAGES

SI TON AVION FAIT DES PIQUÉS ET S'ÉCRASE : relève le gouvernail de profondeur en redressant légèrement le bord de fuite des ailes ou lance l'avion avec un peu plus de force.

SI TON AVION GRIMPE, RALENTIT ET S'ÉCRASE : abaisse légèrement le gouvernail de profondeur en aplatissant le bord de fuite des ailes ou lance l'avion avec un peu moins de force.

SI TON AVION VIRE À DROITE : incline légèrement le gouvernail de direction sur la gauche.

SI TON AVION VIRE À GAUCHE : incline légèrement le gouvernail de direction sur la droite.

REMARQUE : le temps humide rendra cet avion un peu mou. Tous les avions en papier sont affectés par l'humidité, mais celui-ci absorbe d'autant plus d'eau qu'il contient plus de papier que ceux de taille moyenne.

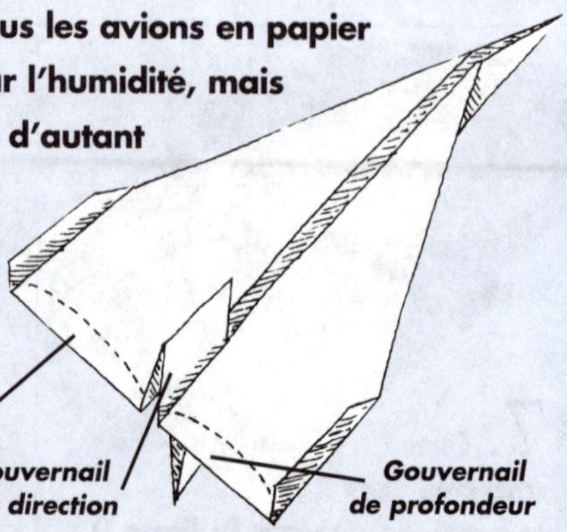

Instructions

Remarque : utiliser deux feuilles de papier. Le côté 1B doit recouvrir le côté 1A sur la ligne noire afin que les fonds verts coïncident. **Rappel :** découper le long des lignes blanches continues. Plier le long des tirets jaunes (qui seront invisibles une fois le pliage terminé) et plier le long des pointillés rouges (qui seront visibles une fois le papier plié).

1. Assembler les deux feuilles avec du ruban adhésif en suivant la ligne noire.

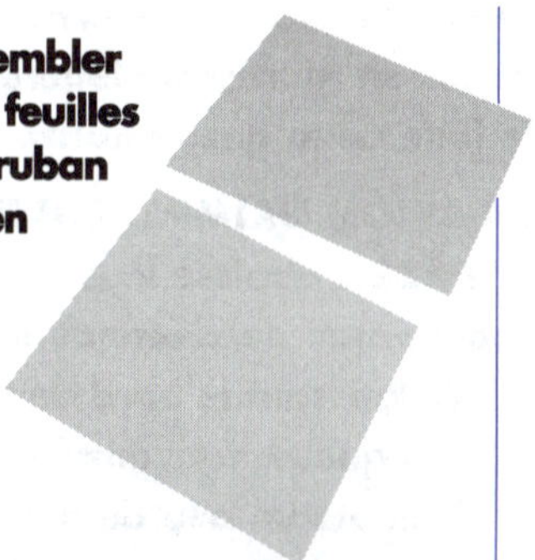

2. Plier le long des lignes 1 et 2.

3. Plier le long des lignes 3 et 4.

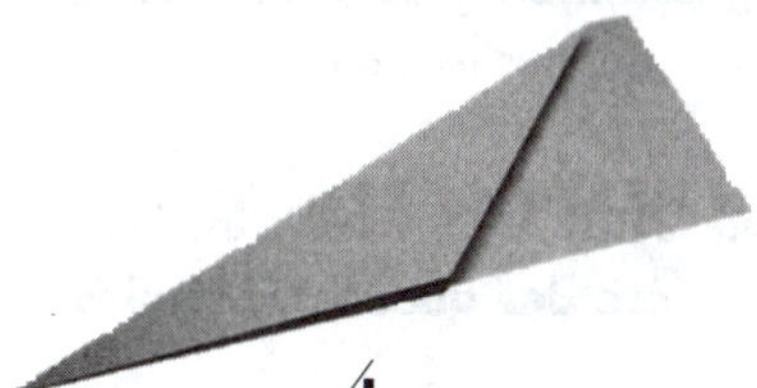

4. Faire pivoter l'avion et le plier en deux le long de la ligne 5. Découper le long de la ligne continue à l'arrière du fuselage.

5. Plier une aile vers le bas, en suivant la ligne 6.

6. Faire pivoter l'avion et plier l'autre aile vers le bas, en suivant la ligne 7.

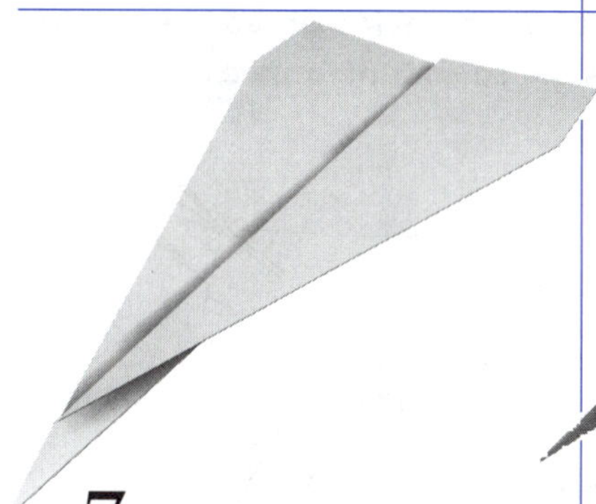

7. Ouvrir les ailes.

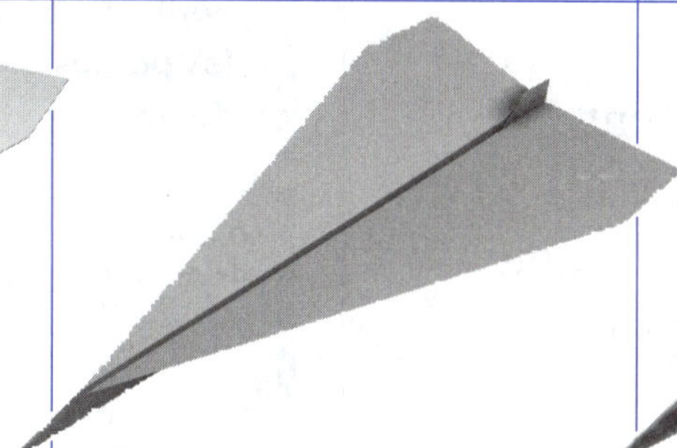

8. Relever la queue et le pli le long des lignes 8 et 9.

9. Plier les ailerons vers le haut, le long des lignes 10 et 11.

LE F-15

Ce modèle est inspiré du Mc Donnell Douglas F-15 Eagle, l'un des avions de combat les plus performants du monde et le modèle le plus utilisé par l'U.S. Air Force depuis 1972. Deux énormes moteurs produisent une poussée de 23 tonnes permettant à l'avion de s'élancer à la verticale dans le ciel comme une fusée. Certains F-15 peuvent, à partir du sol, atteindre plus de 11 000 mètres d'altitude en moins d'une minute.

Les deux moteurs permettent également à l'avion de voler à très grande vitesse (jusqu'à deux fois et demie la vitesse du son, soit près de 2 500 km/h).

Ton avion n'ayant pas de moteur, ton lancer sera primordial.

DERNIERS RÉGLAGES

SI TON AVION FAIT DES PIQUÉS ET S'ÉCRASE : relève le gouvernail de profondeur en redressant légèrement le bord de fuite de la queue horizontale.

SI TON AVION GRIMPE, RALENTIT ET S'ÉCRASE : abaisse légèrement le gouvernail de profondeur en aplatissant le bord de fuite de la queue horizontale ou ajoute un peu de poids au nez (en y glissant un gros trombone ou en y fixant quelques morceaux de ruban adhésif).

SI TON AVION VIRE À DROITE : incline légèrement l'arrière des queues verticales sur la gauche.

SI TON AVION VIRE À GAUCHE : incline légèrement l'arrière des queues verticales sur la droite.

REMARQUE : Après chaque atterrissage, vérifie l'état de ton avion et redresse toutes les parties qui se sont déformées lors du vol.

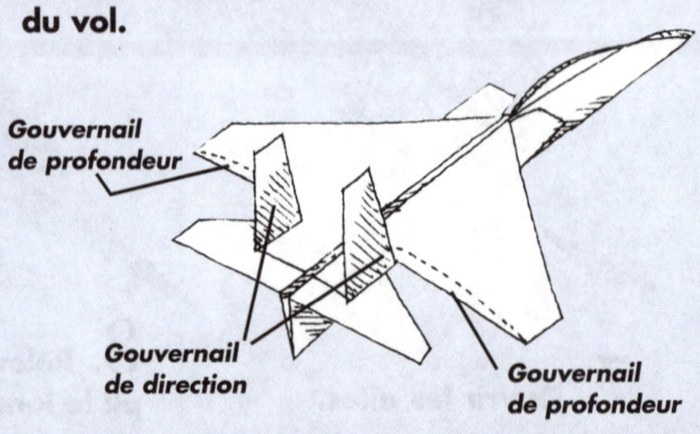

Instructions

Rappel : découper le long des lignes blanches continues. Plier le long des tirets jaunes (qui seront invisibles une fois le pliage terminé) et plier le long des pointillés bleus (qui seront visibles une fois le papier plié).

1. **Découper les ailes et le fuselage comme indiqué ci-dessus.**

2. **Plier les ailes en suivant les lignes 1 et 2 puis les mettre sur le côté.**

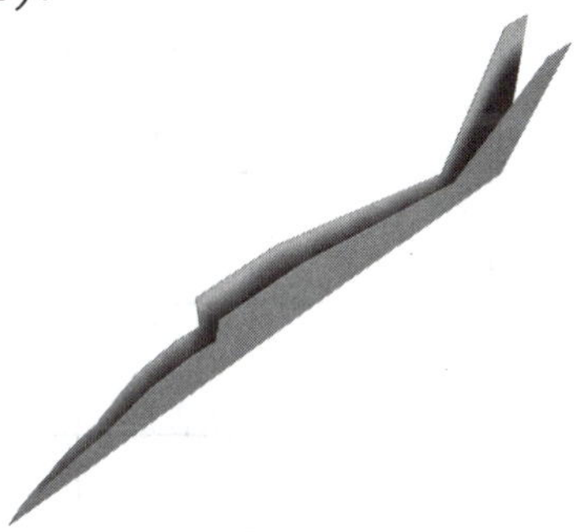

3. **Plier le fuselage en deux le long de la ligne 3.**

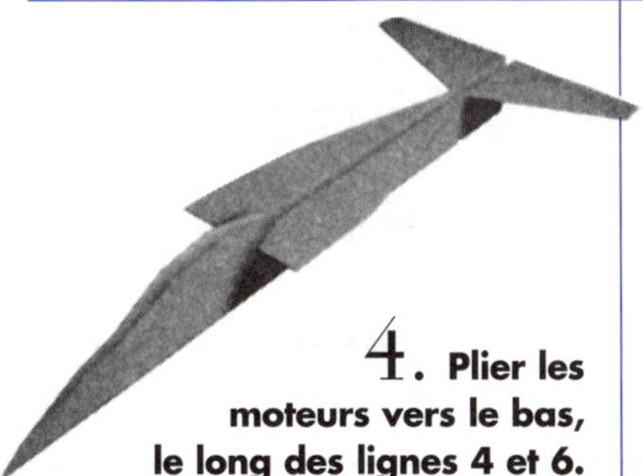

4. **Plier les moteurs vers le bas, le long des lignes 4 et 6. Plier les queues vers le bas, le long des lignes 5 et 7.**

5. **Placer le fuselage sur le dessus des ailes (avec le côté plié des ailes sur le dessus). Faire dépasser légèrement les queues à l'arrière de chacune des ailes. Fixer le fuselage aux ailes avec du ruban adhésif.**

6. **Faire pivoter l'avion et fixer le devant de chacune des ailes au fuselage avec du ruban adhésif .**

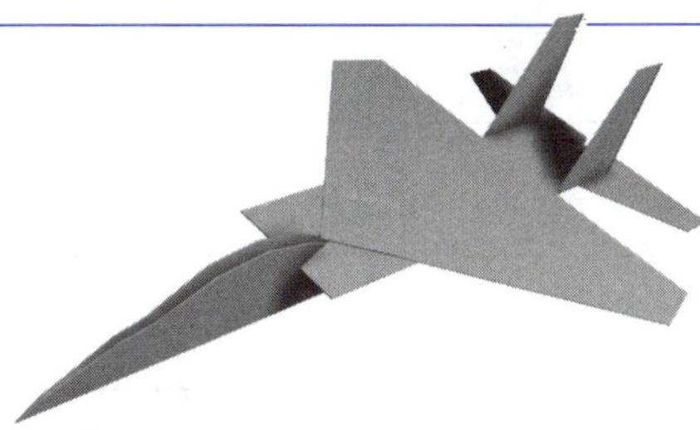

7. **Plier les queues en suivant les lignes 8 et 9. Glisser un trombone sur le dessus du nez.**

Carnet de Vol

Dans leur carnet de vol, les pilotes d'avion notent les trajets qu'ils effectuent, la durée de leur vol et certains détails techniques. Tu peux toi aussi te créer ton propre carnet de vol et y inscrire le nom et les caractéristiques de tes nouveaux avions, les vols les plus longs et tes préférences.

DATE	NOM DE L'AVION	TERRAIN	DURÉE DE VOL MAXIMALE	DISTANCE MAXIMALE	REMARQUES

PIRATE'S
SECRET

Inscris ici ton message secret !

9
8
5

6
7
4
3
2
1

9
8
5

6
7
4
3
2
1

7
5
6
7
5
6
7
5
6

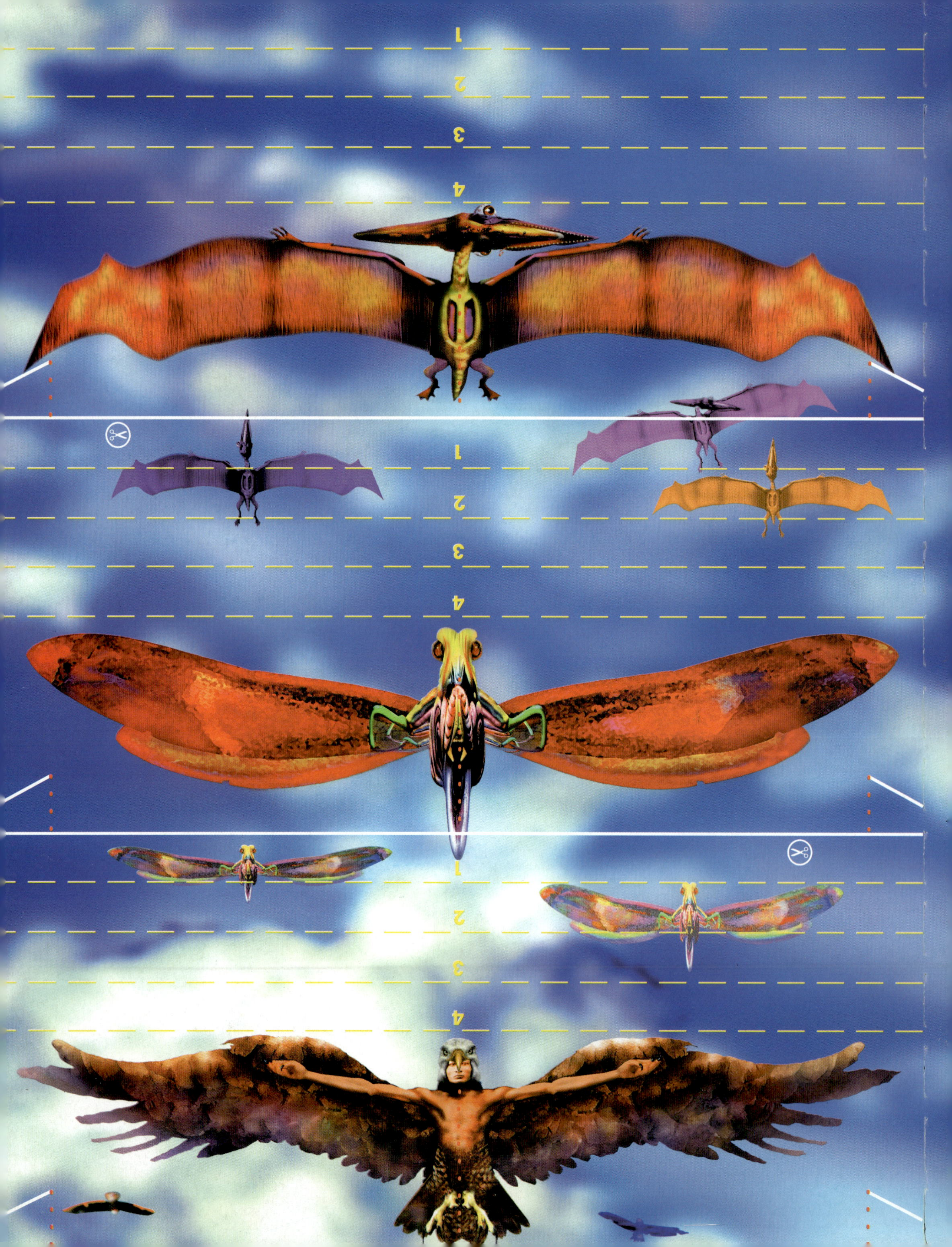
1
2
3
4
1
2
3
4
1
2
3
4

5
7
6
5
7
6

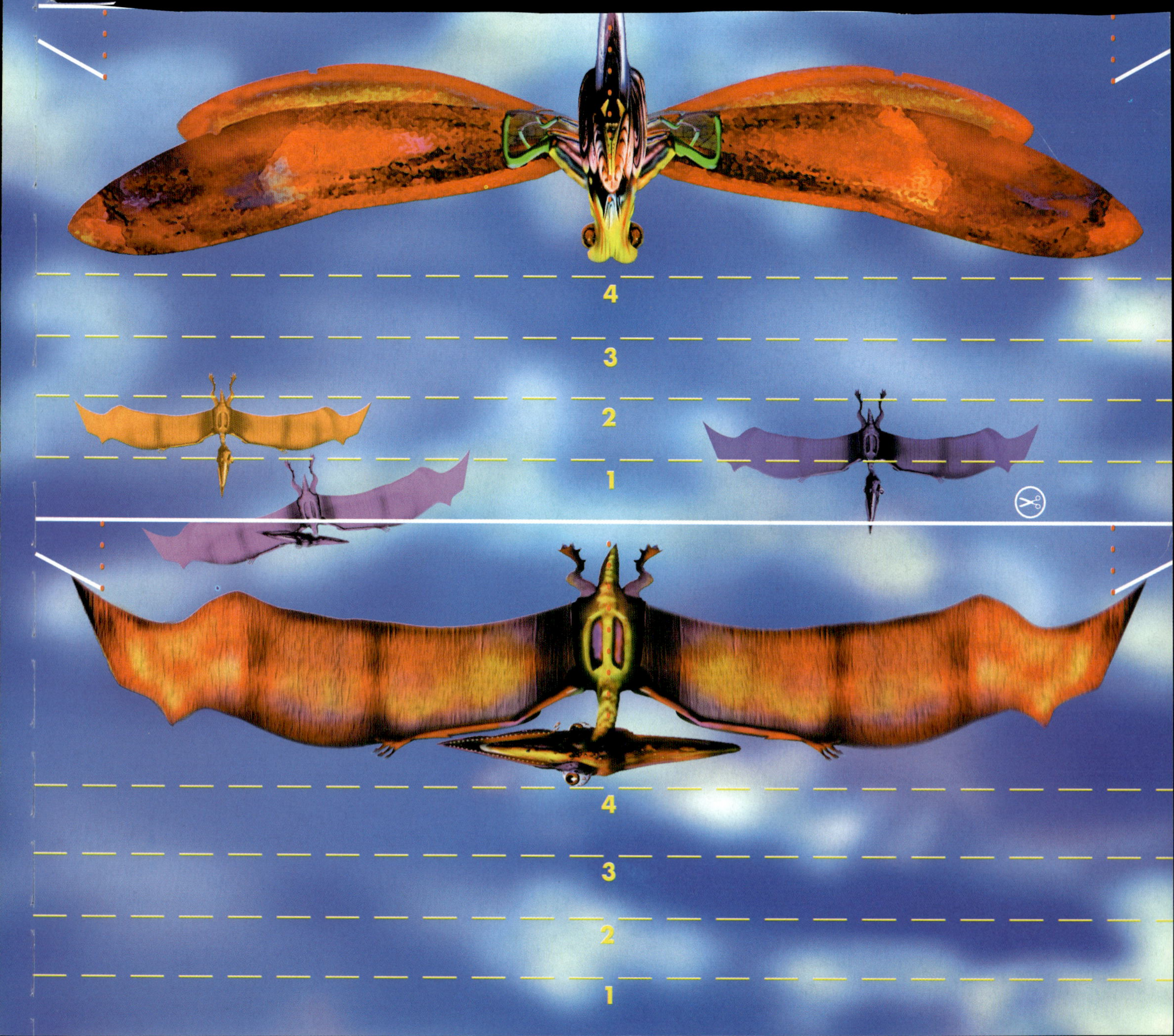
4
3
2
1
4
3
2
1

7
5
6
7
5
6
7
5
6

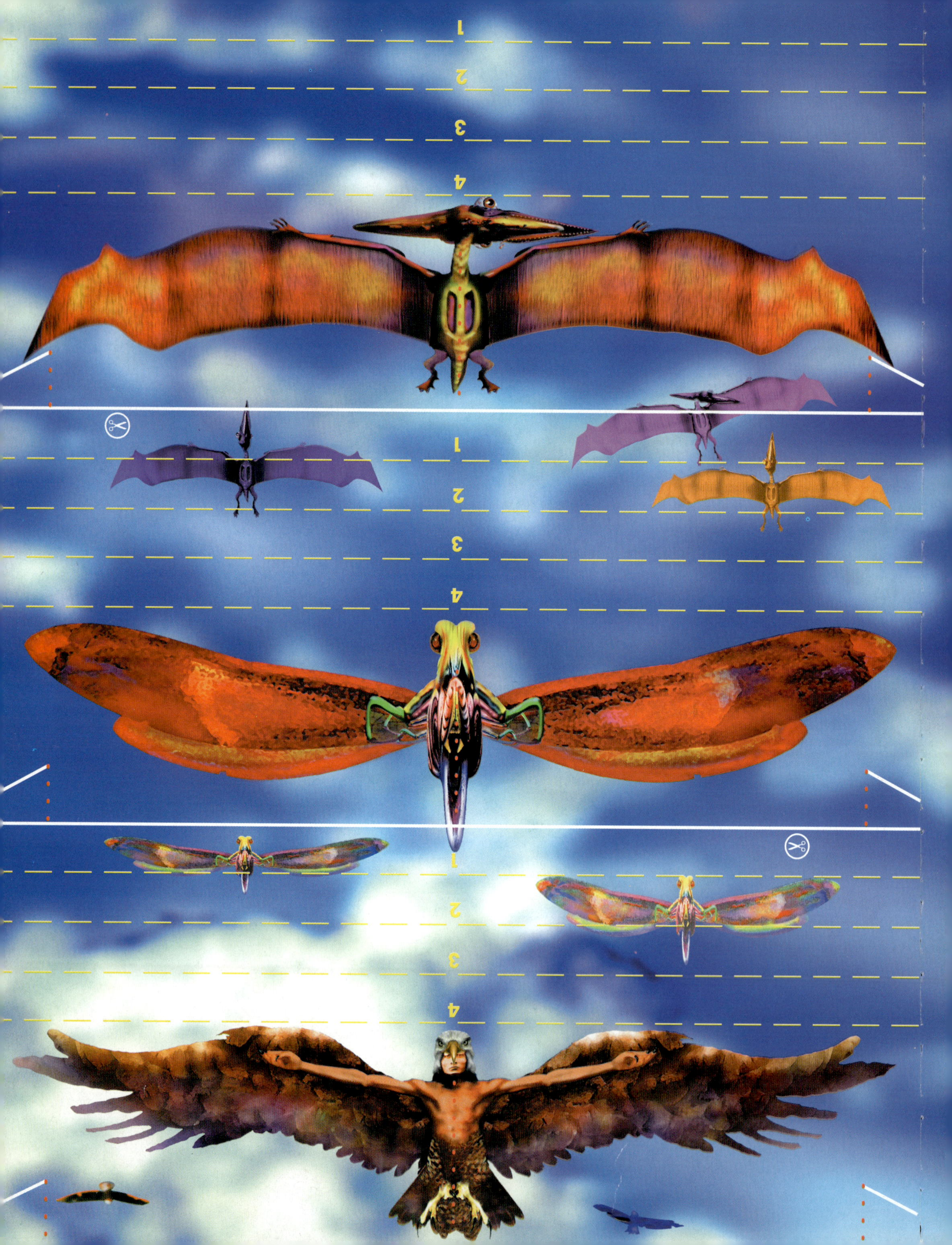

ROBO-CHOPPER

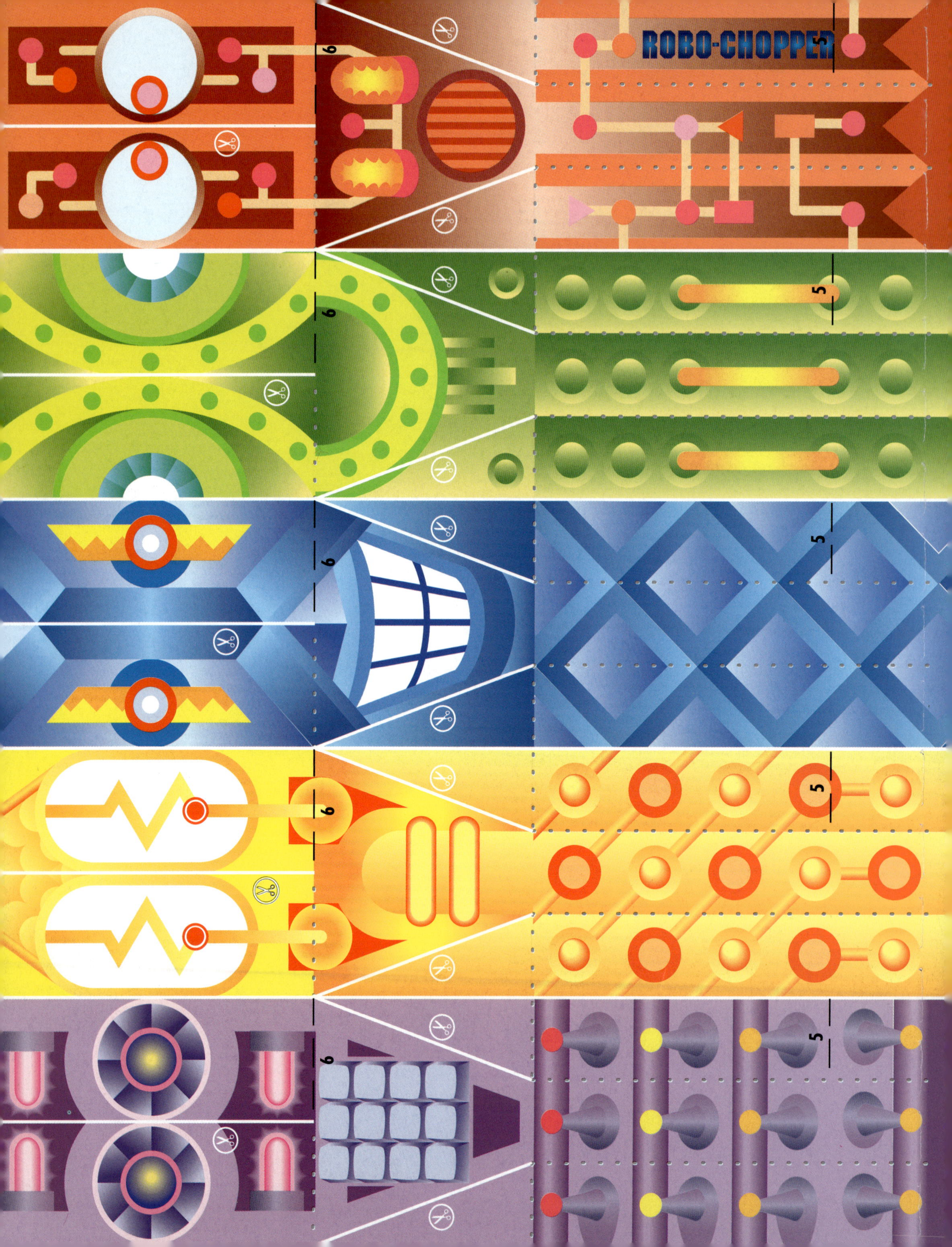
ROBO-CHOPPER
6
5

AEROBAT
10

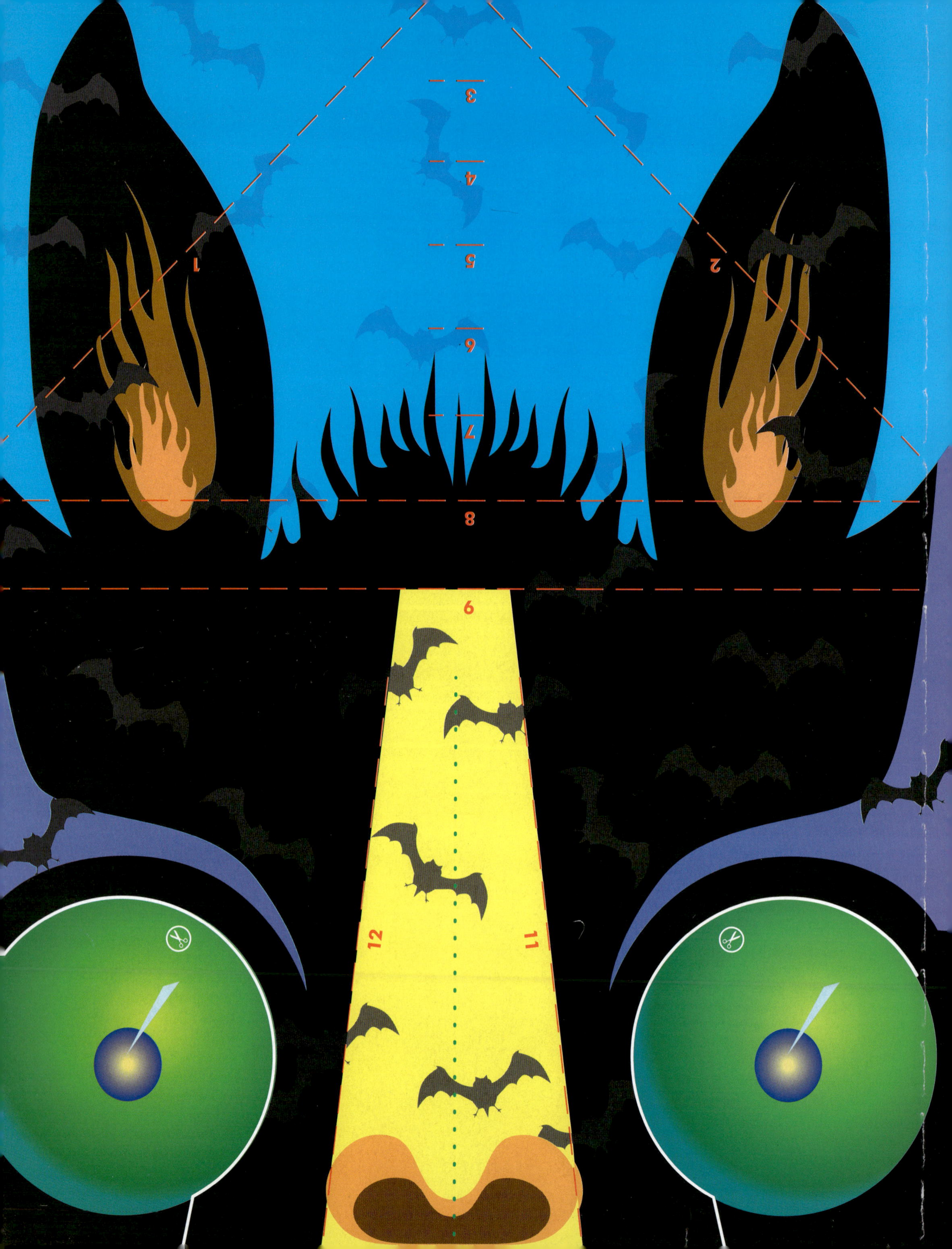

1
2
3
4
5
6
7
8
9
10
11
12

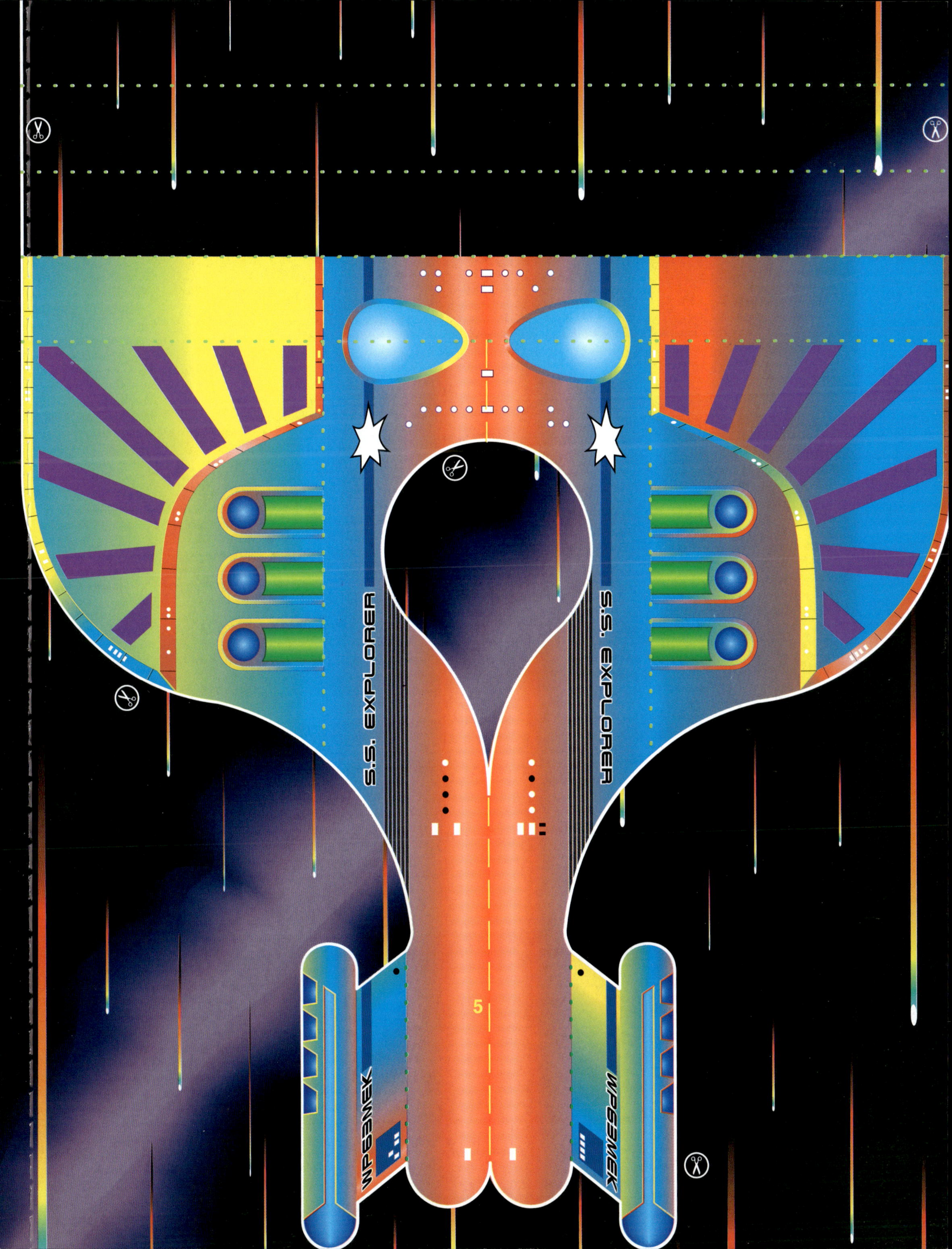
S.S. EXPLORER
S.S. EXPLORER
5

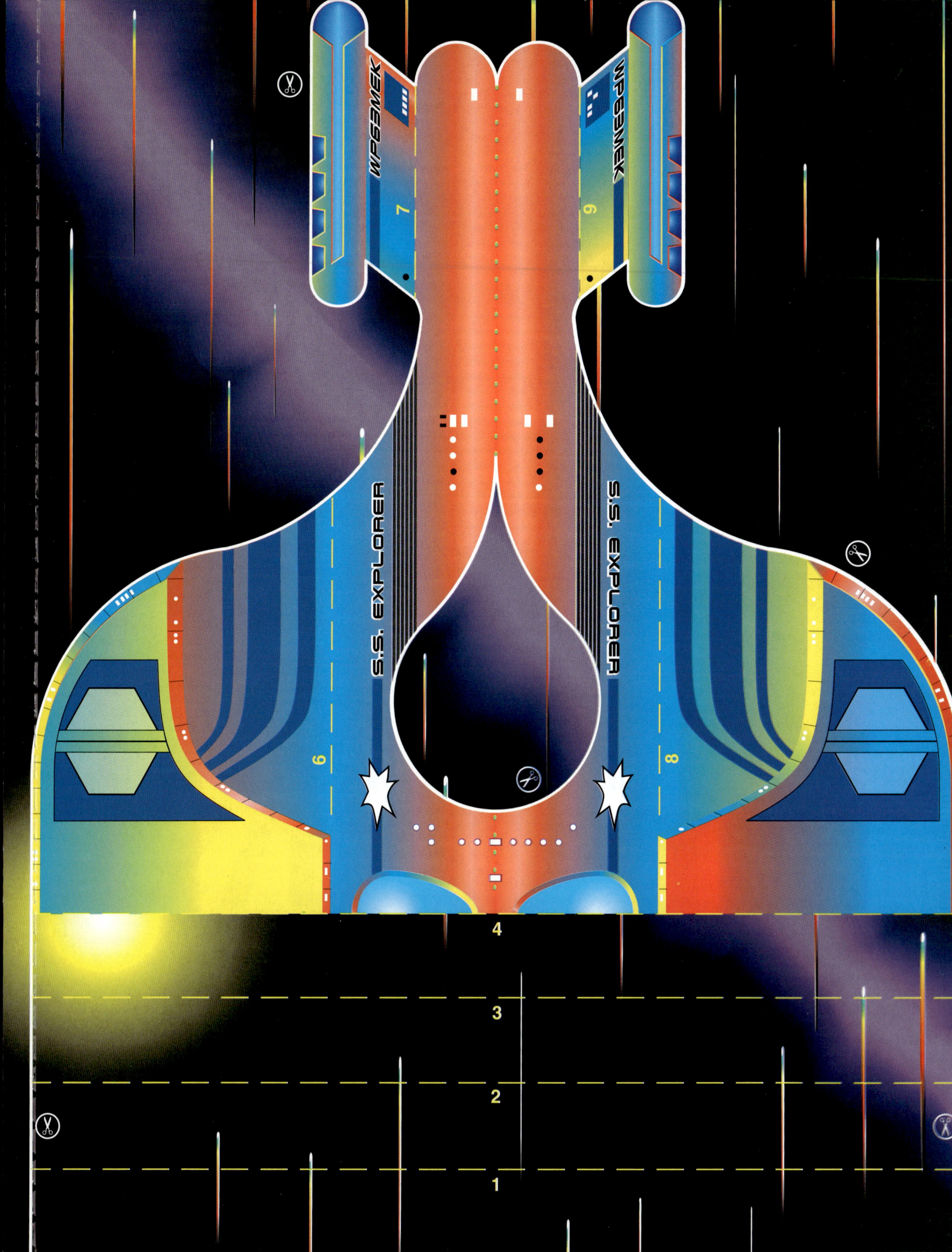
WP63MEK
7
WP63MEK
6
S.S. EXPLORER
S.S. EXPLORER
9
8
4
3
2
1

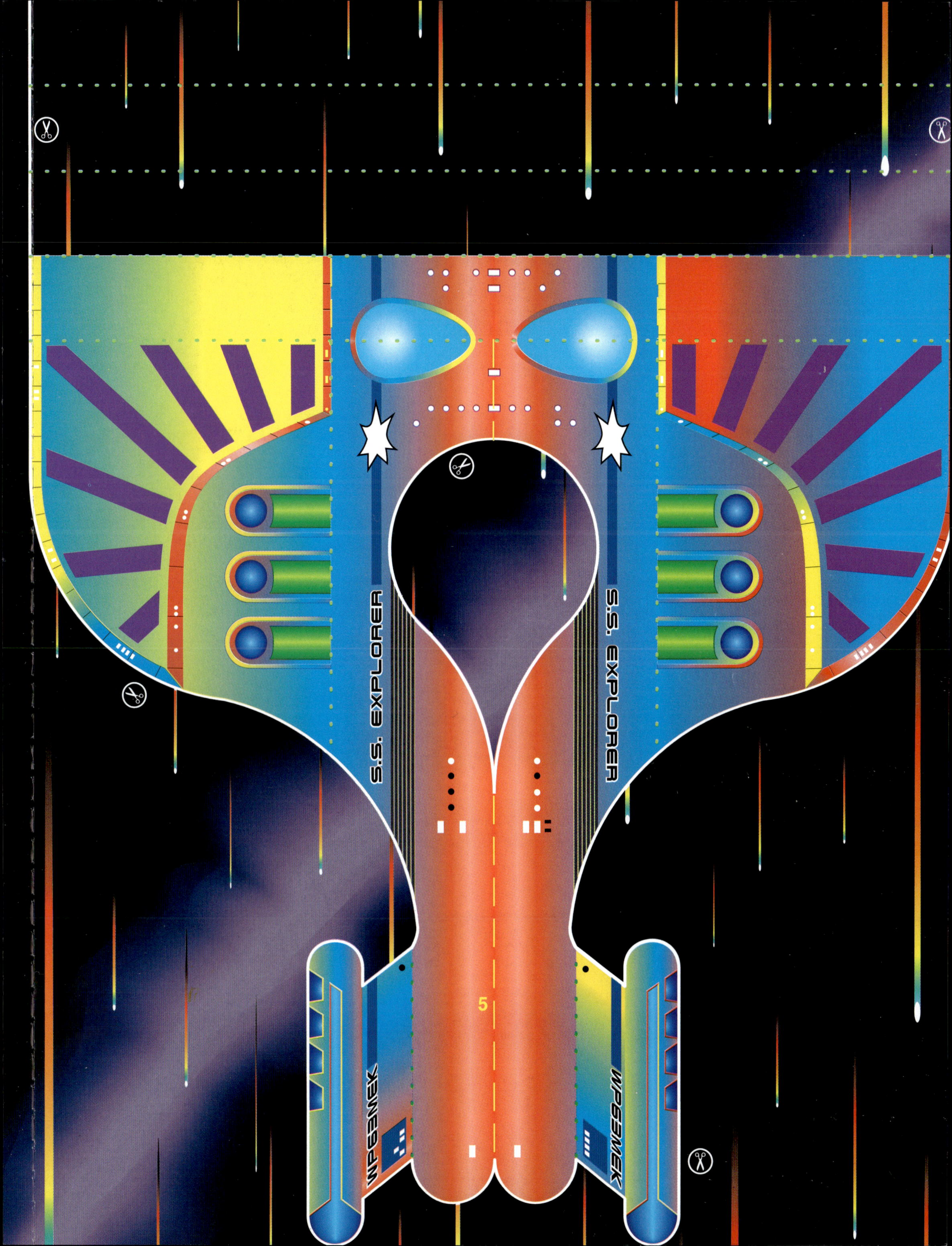
S.S. EXPLORER
S.S. EXPLORER
5

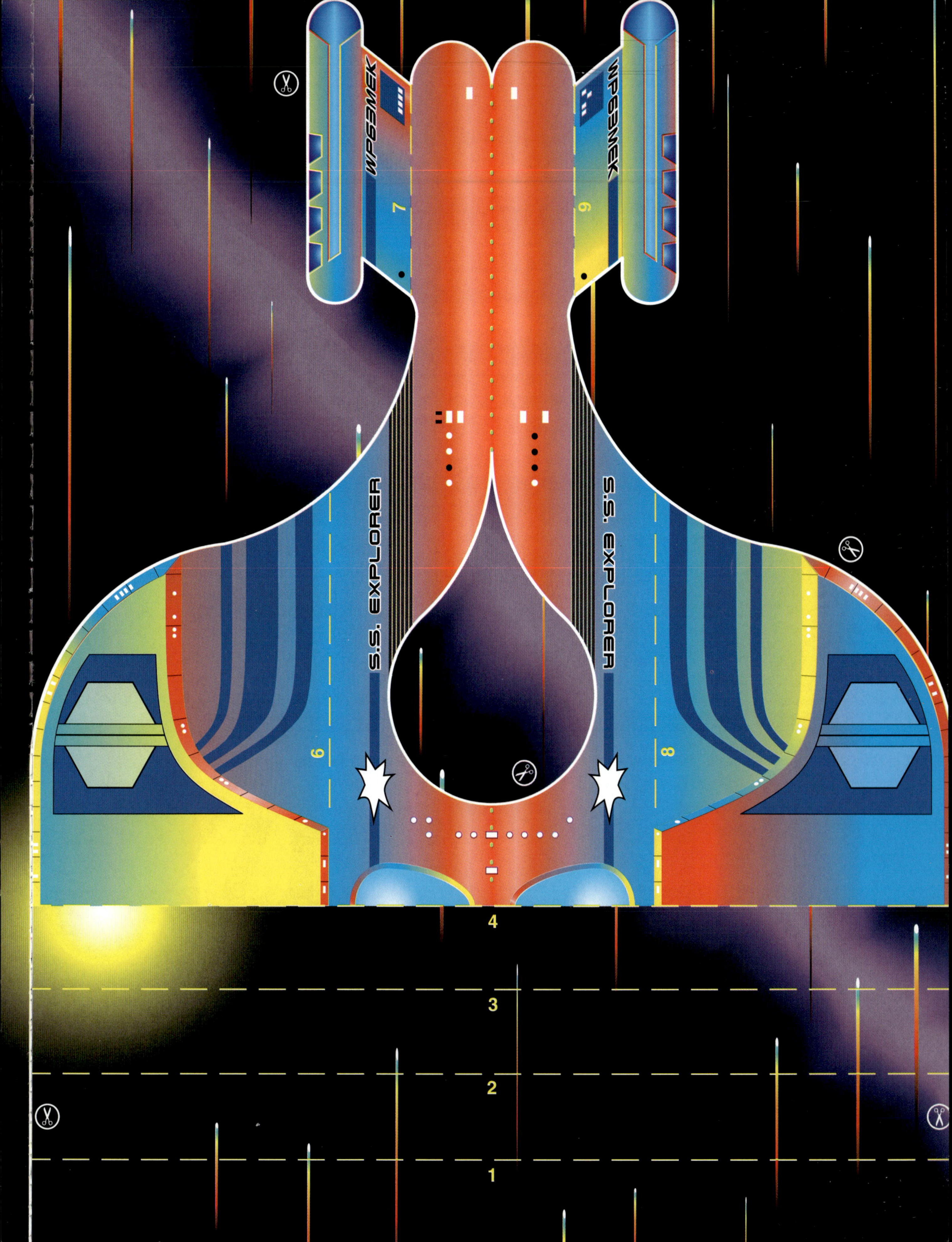
WP63MEK
WP63MEK
7
9
S.S. EXPLORER
S.S. EXPLORER
9
8
4
3
2
1

1
2
3
4
5
7
8

1
2
3
4
5
7
8

1
2
3
4
5
7
8

1
2
3
4

1
2
3
4

USAF
Blue
Angels
Blue
Angels
USAF

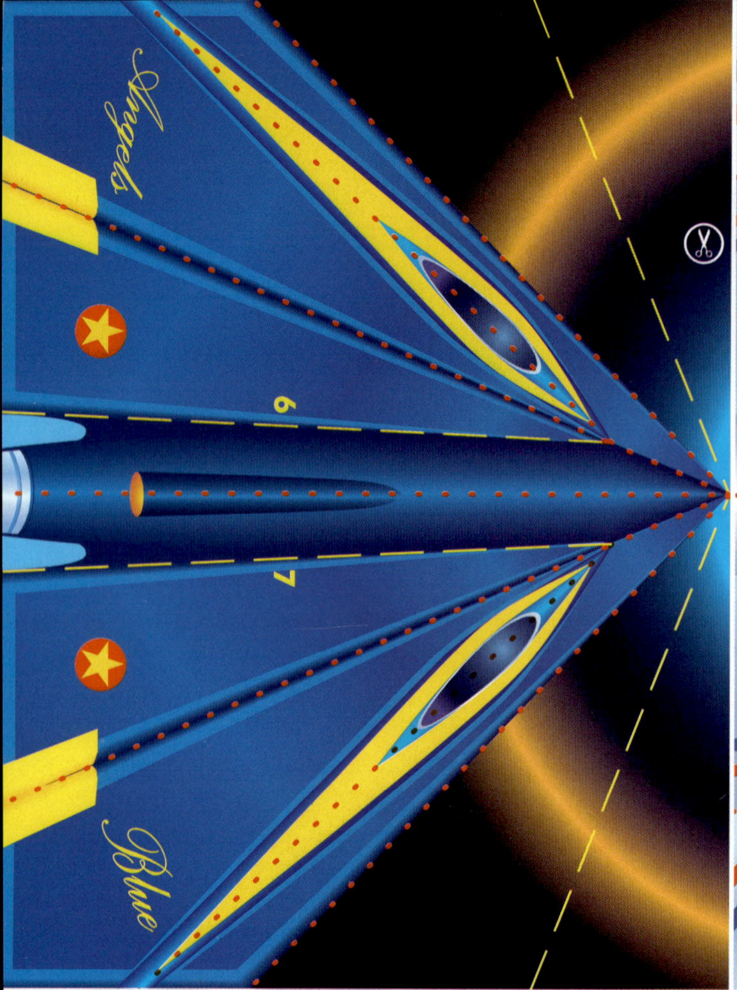
Blue
Angels
6
7
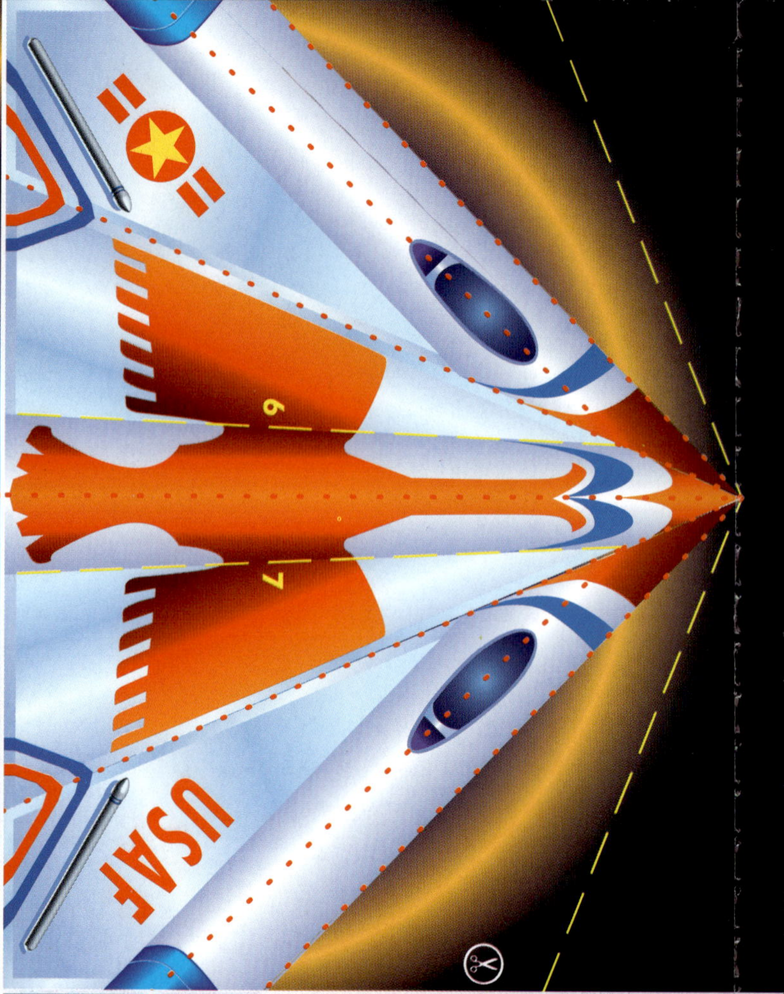
USAF
6
7

USAF
6
7
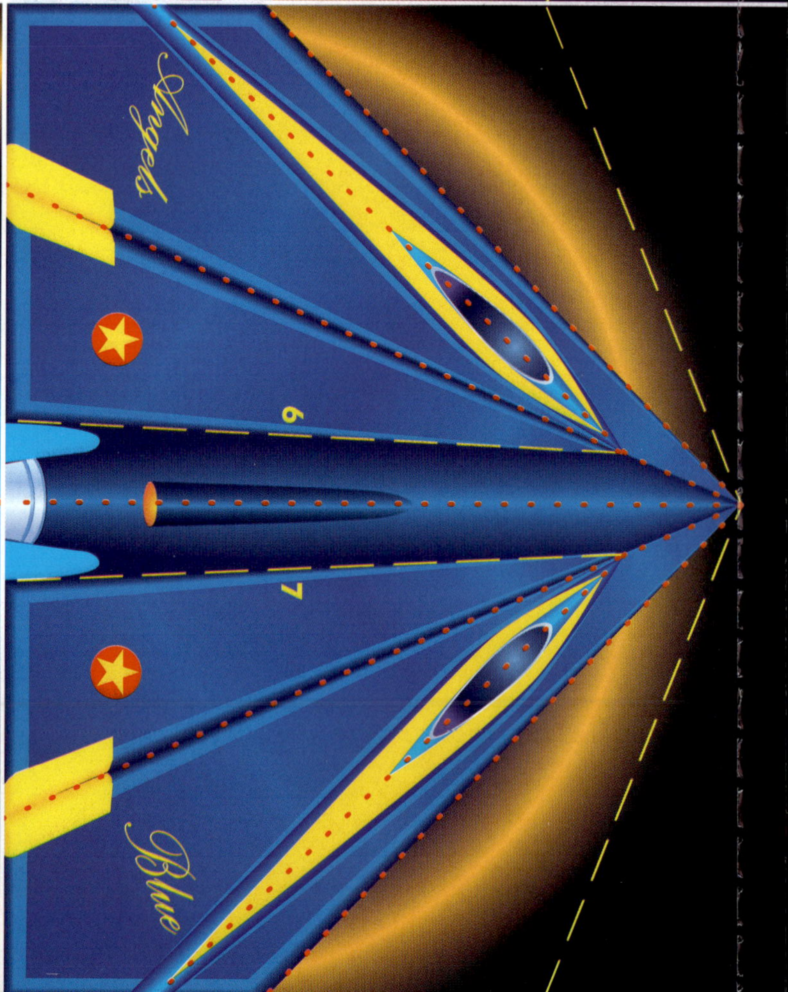
Blue
Angels
6
7

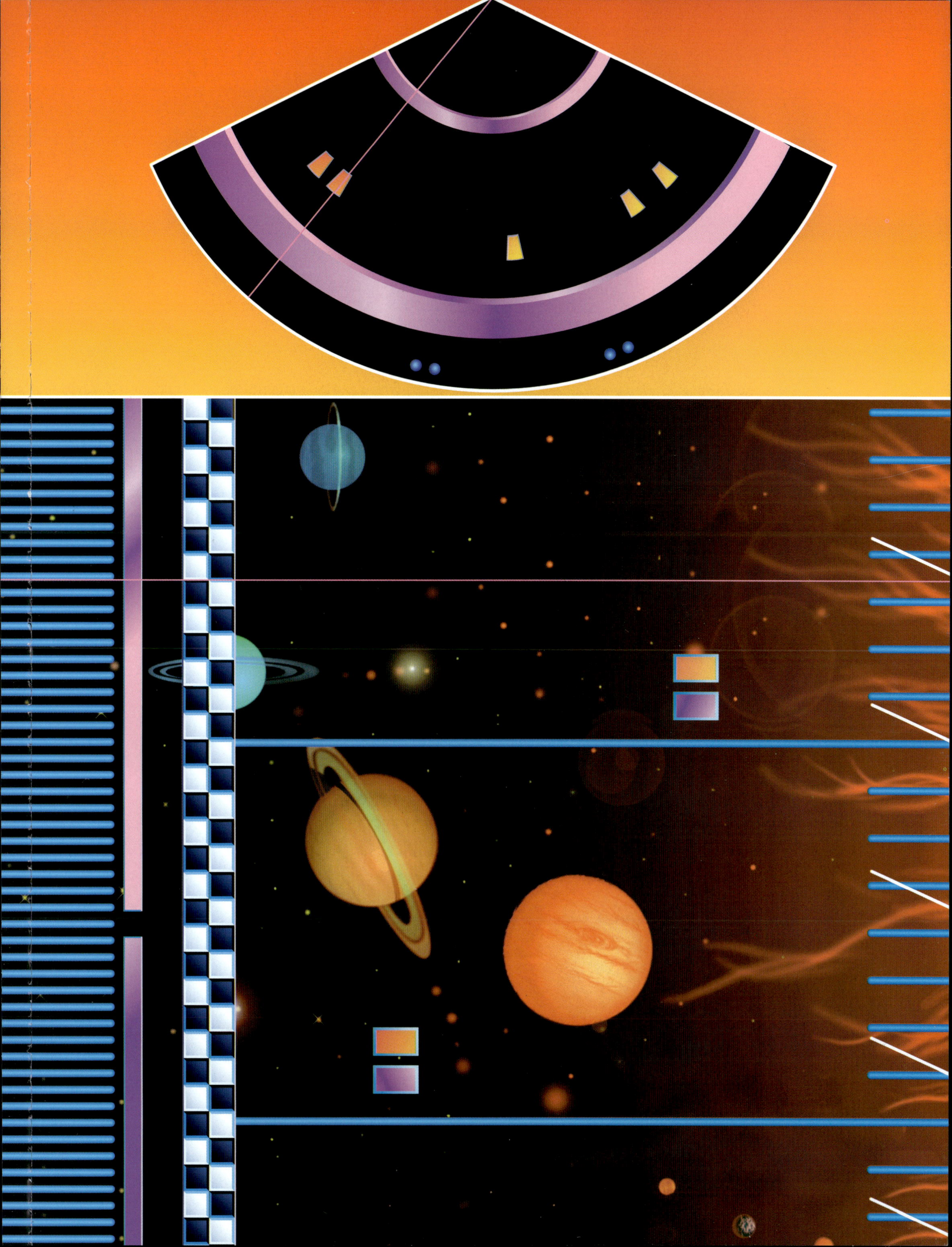

WORLD
RECORD
15
11
14

WORLD
RECORD

WORLD
RECORD

WORLD RECORD

WORLD
RECORD
15
11
14

WORLD
RECORD

WORLD
RECORD

WORLD
RECORD

8
9
7

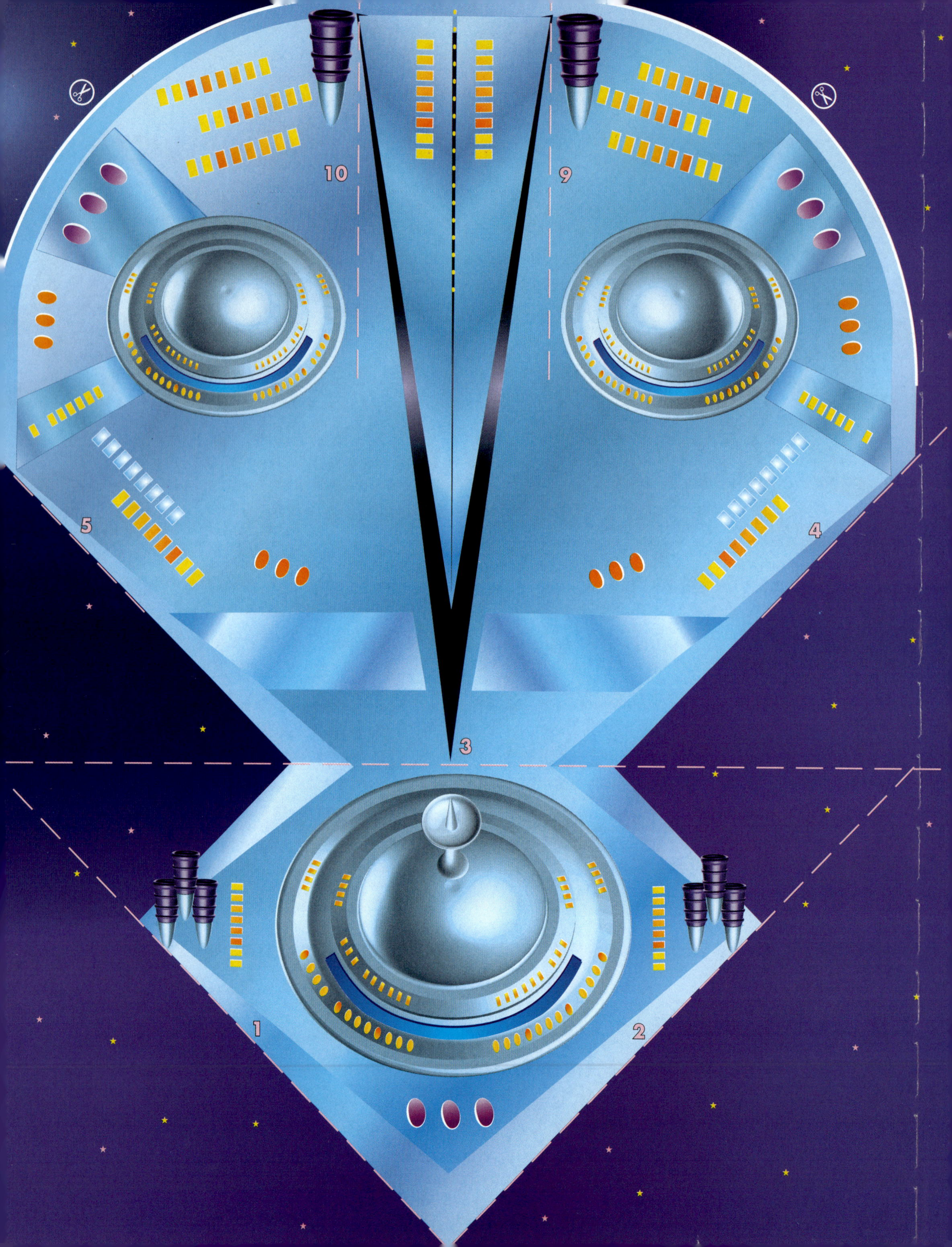
10
9
5
4
3
1
2

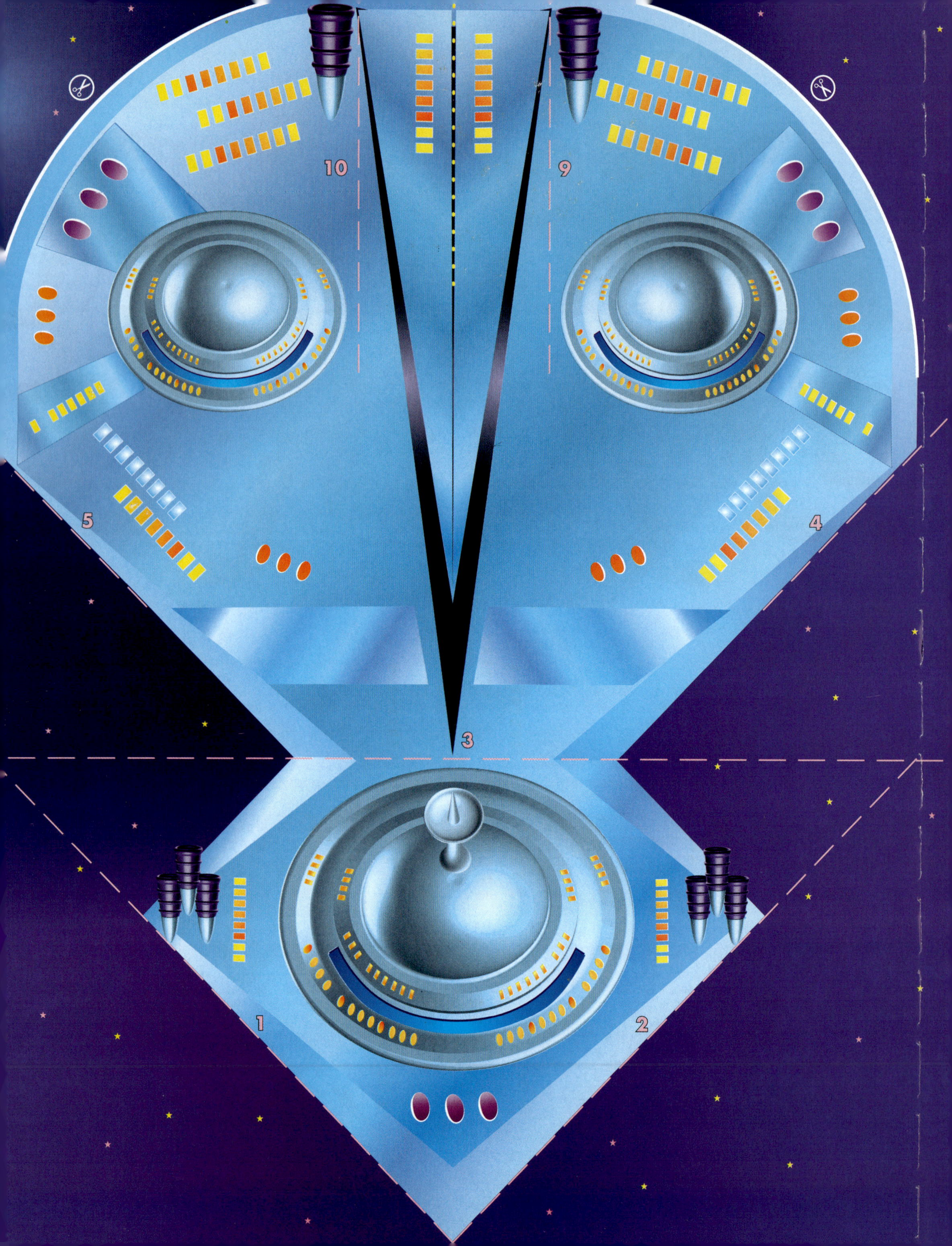
10
9
5
4
3
1
2

8
9
7

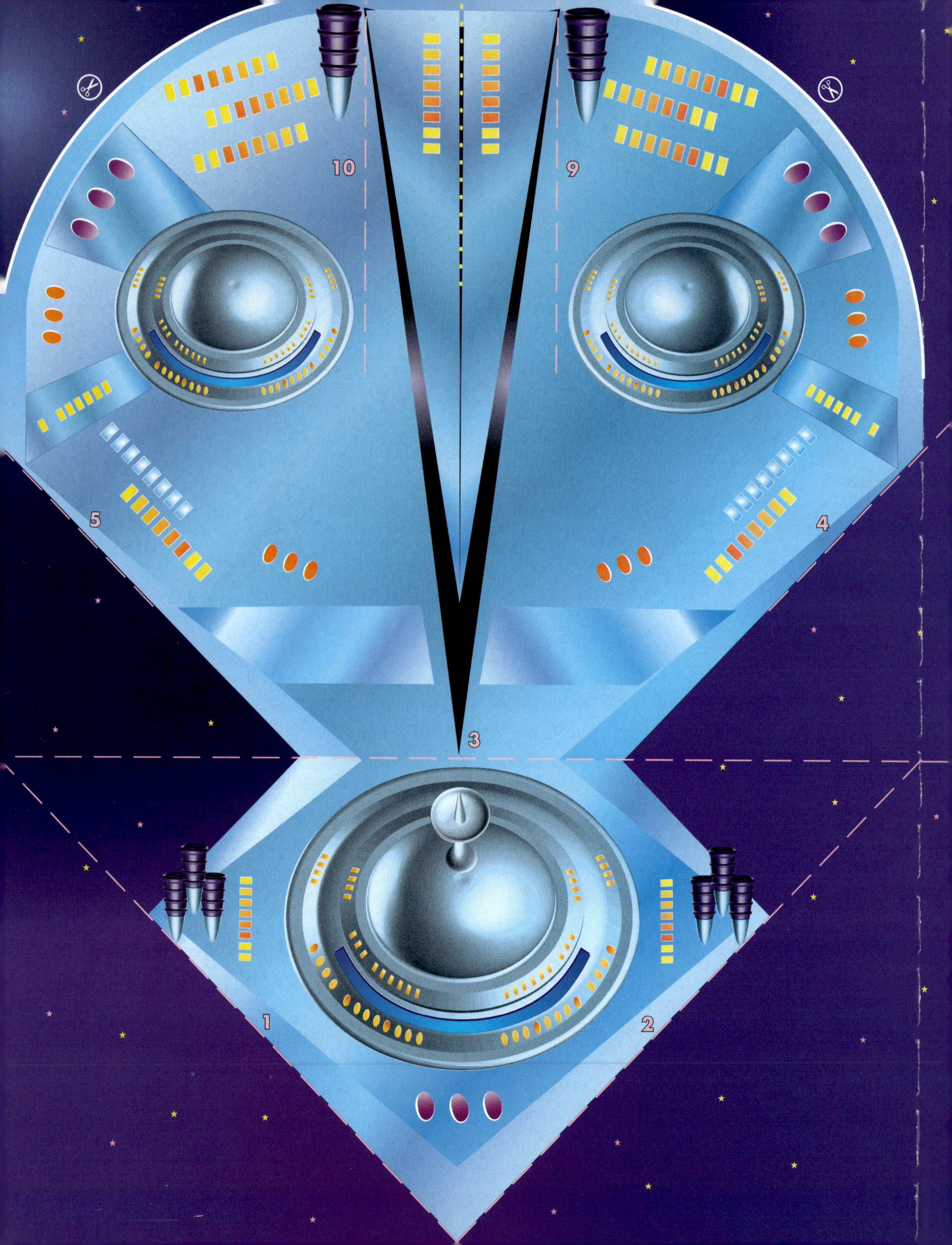
10
9
5
4
3
1
2

8

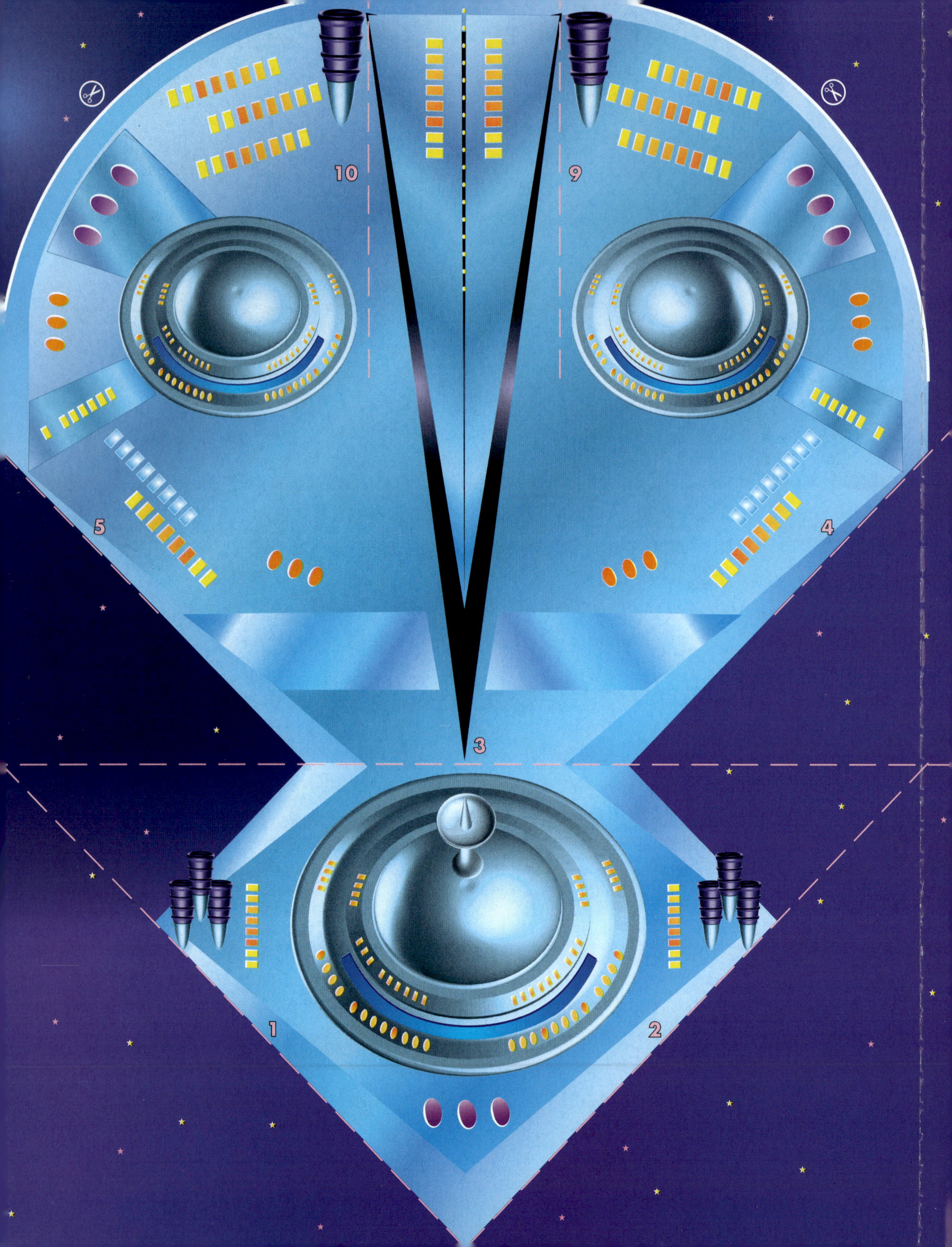
10
9
5
4
3
1
2

GREAT WHITE
Side 1A

Side 2A

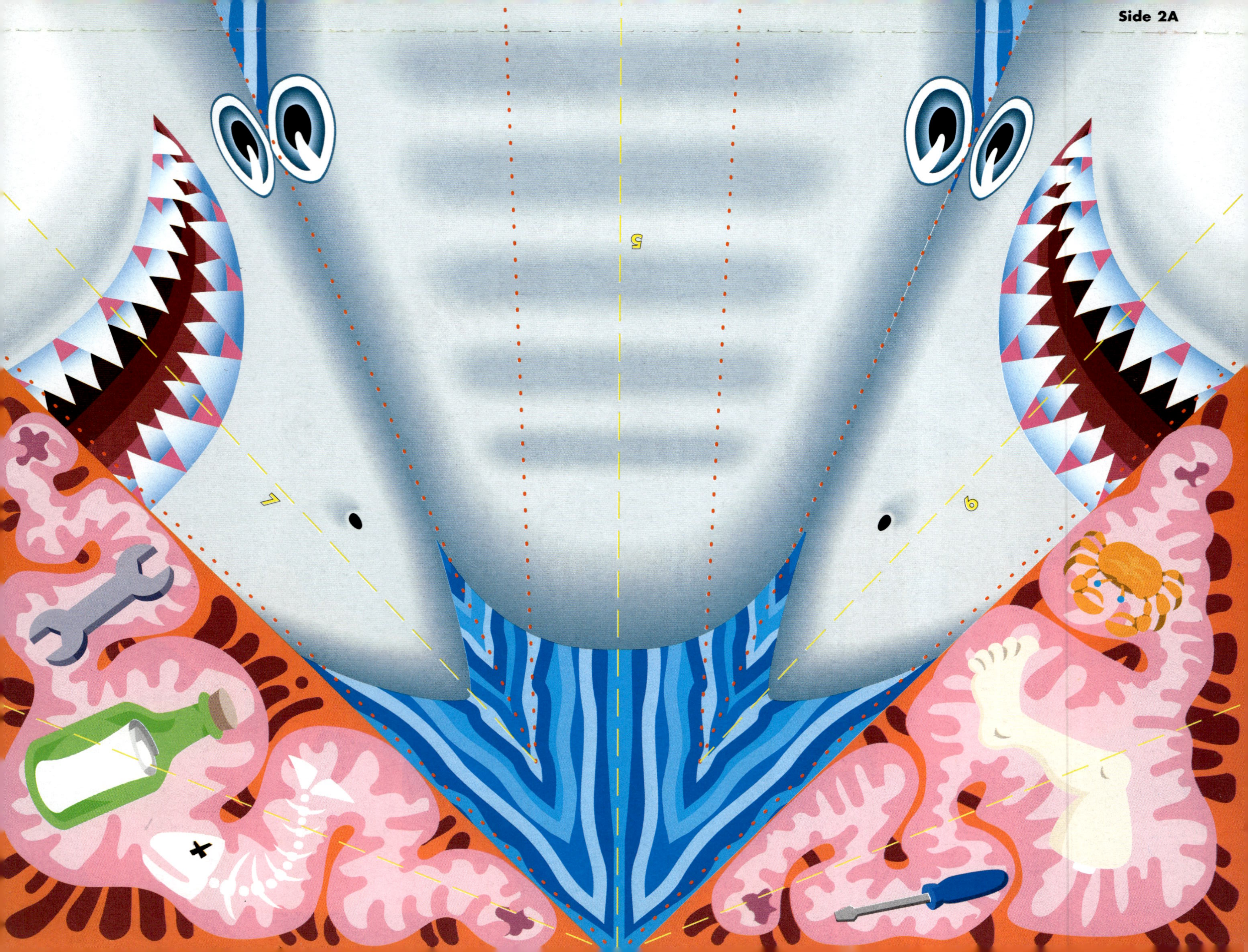

GREAT
WHITE
1
2
3
4
Side 1A

Side 2A

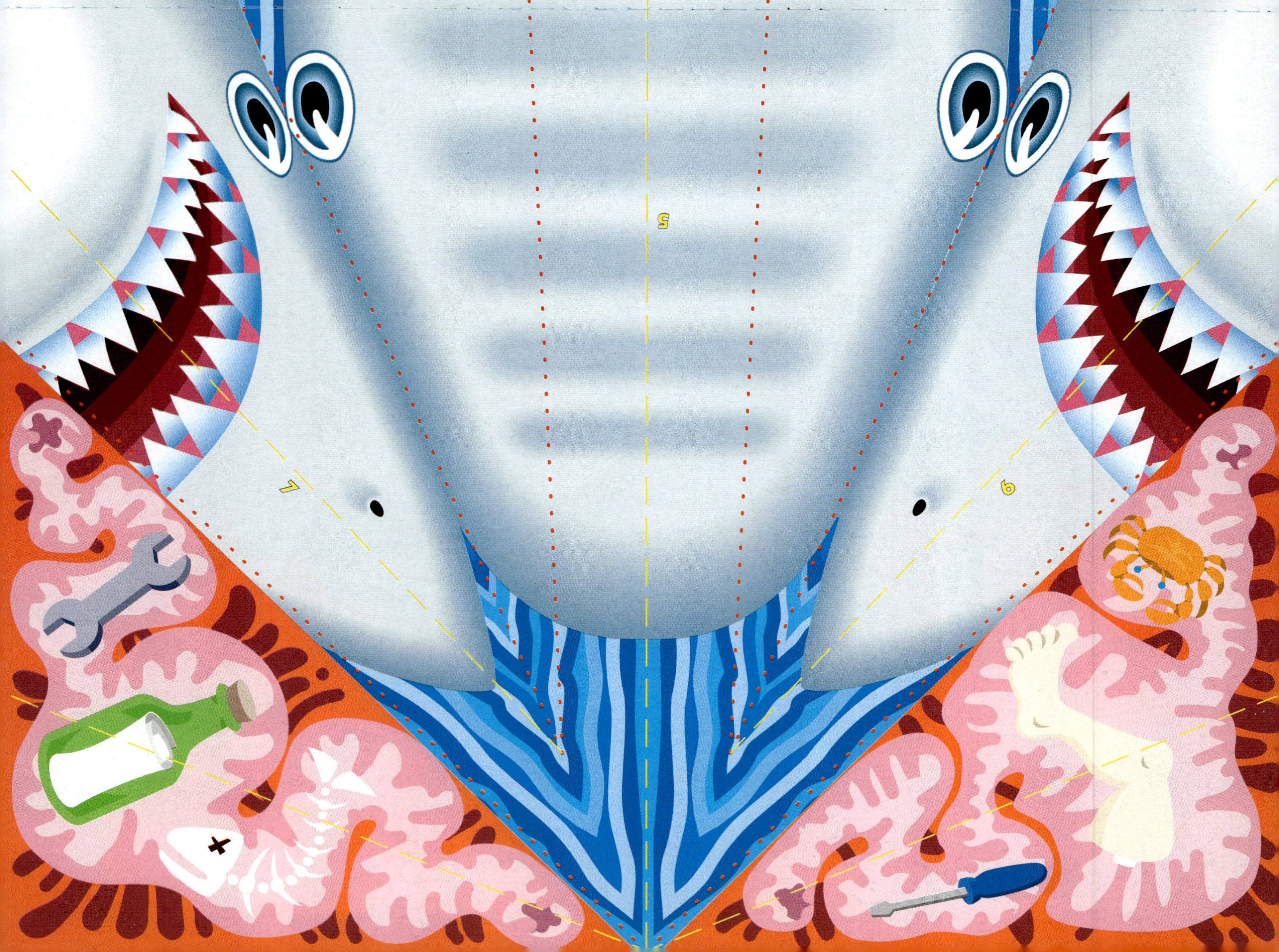

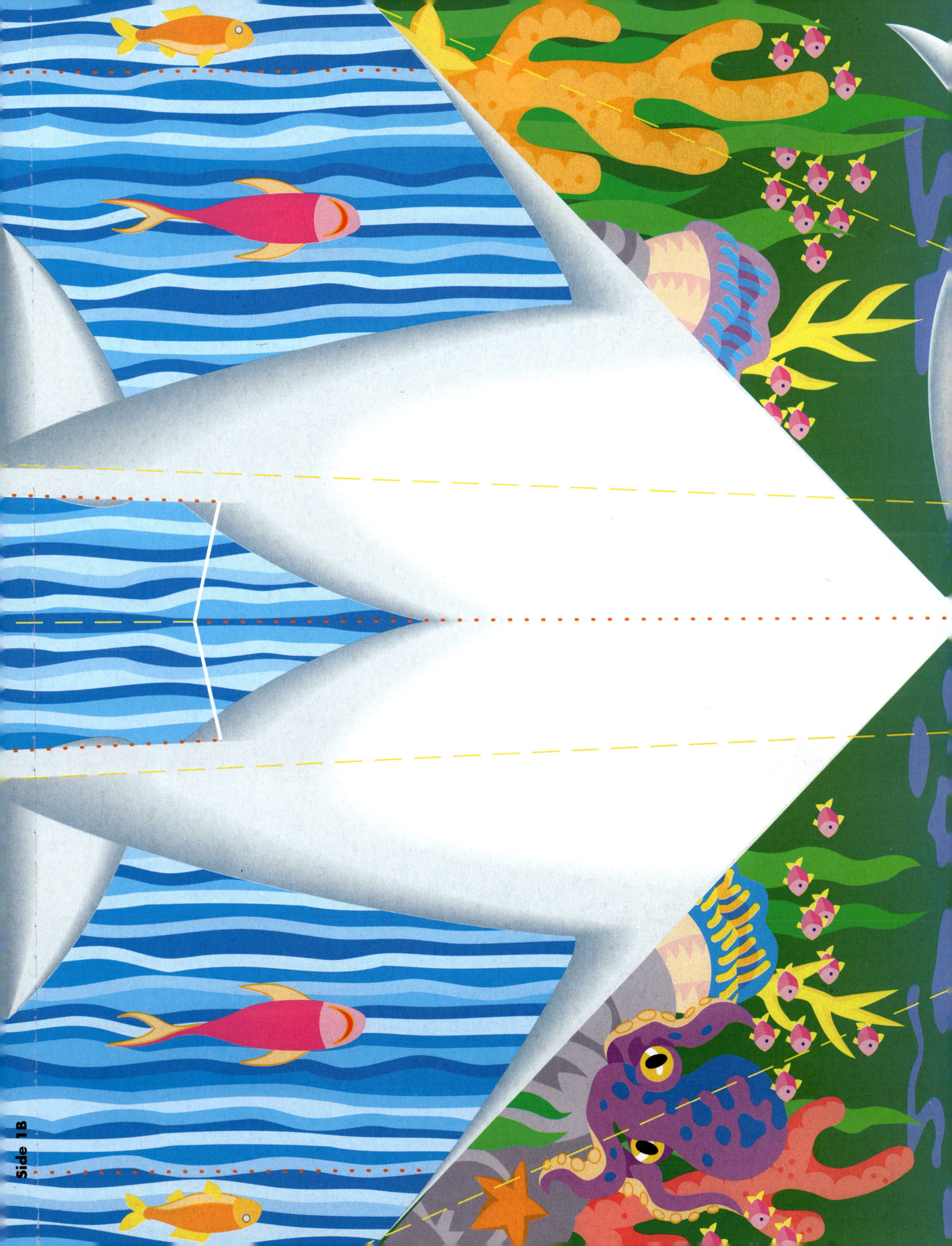

Side 1B

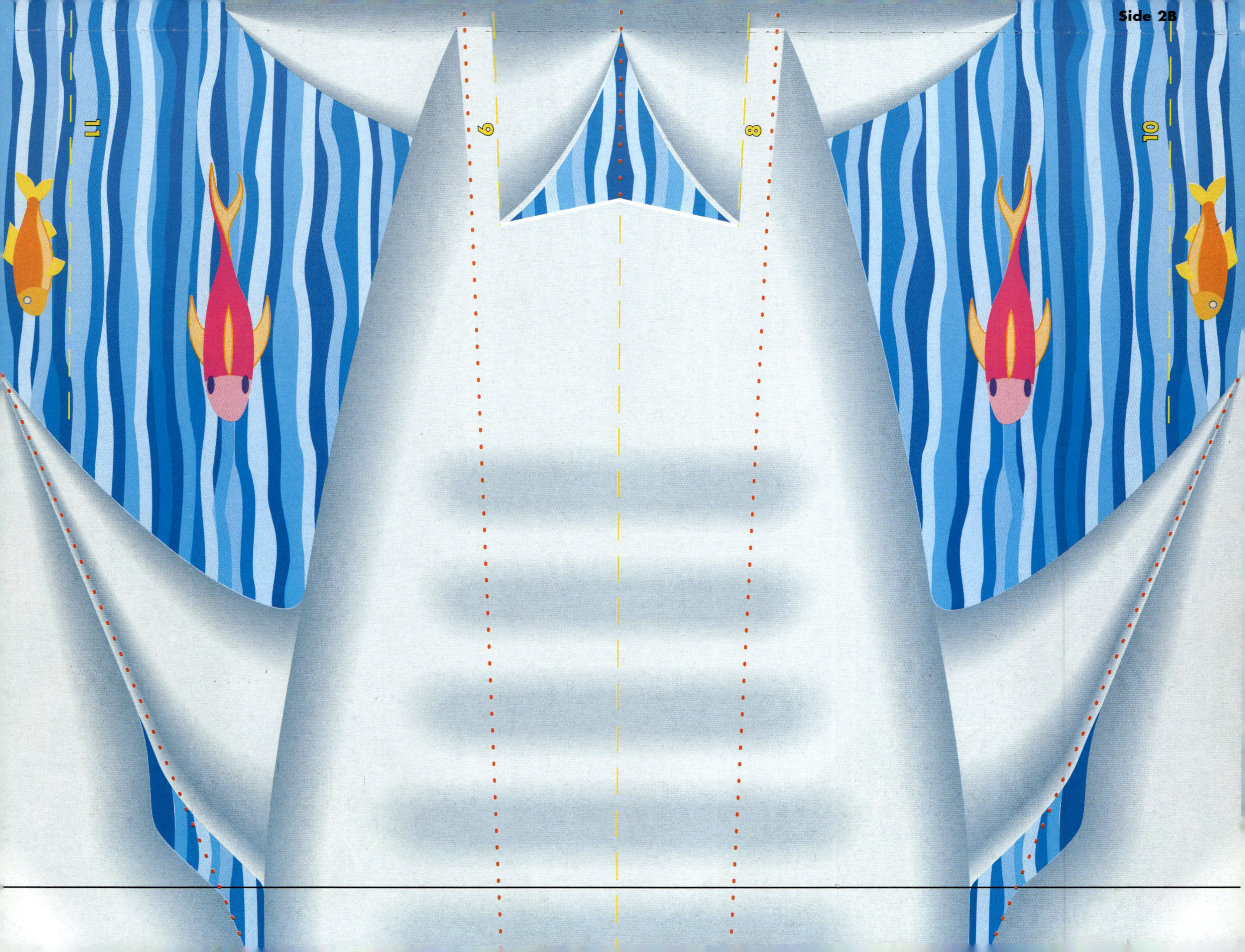
Side 2B
11
6
8
10

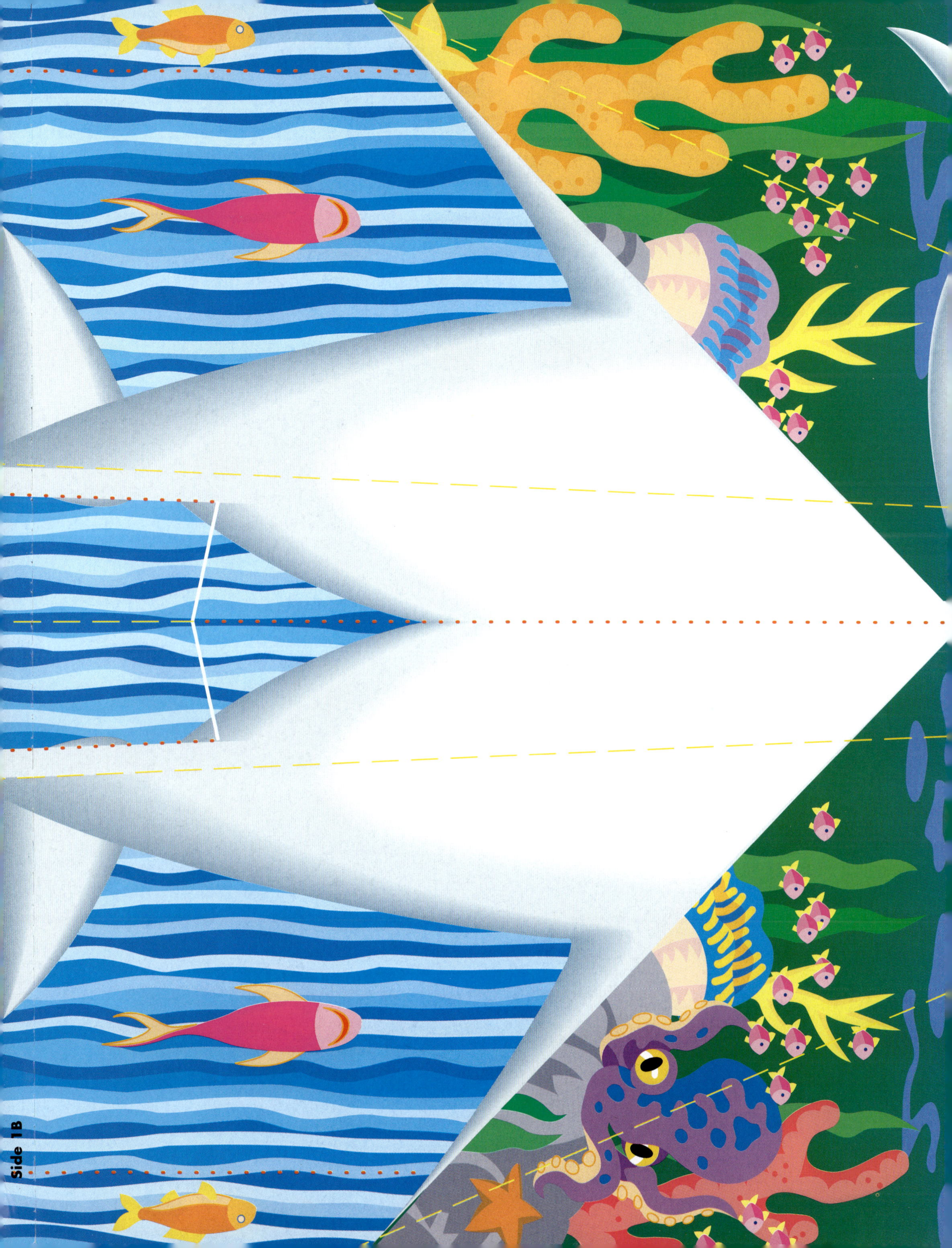
Side 1B

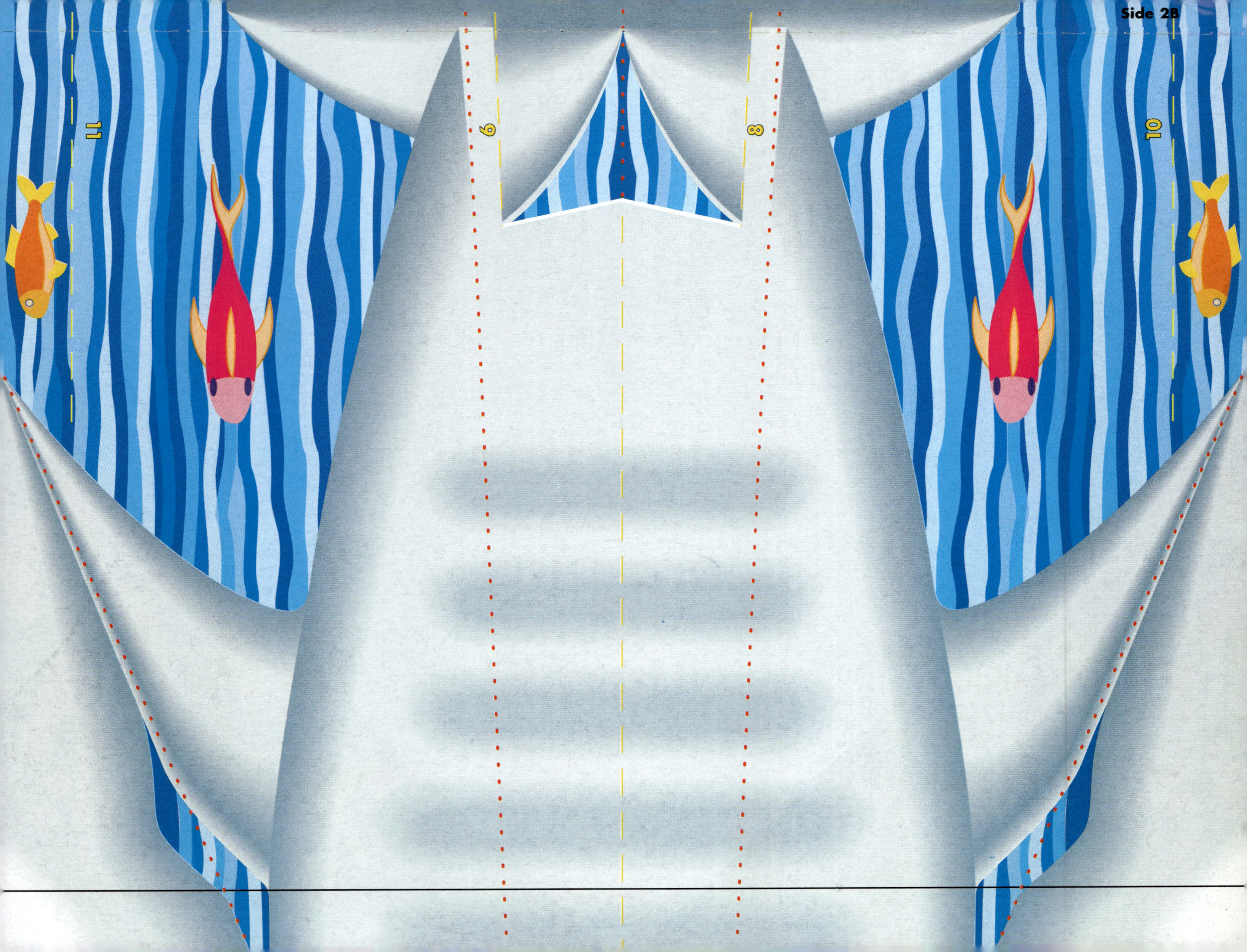

Side 2B
9
8
10
11